Informatik aktuell

Herausgeber: W. Brauer
im Auftrag der Gesellschaft für Informatik (GI)

Springer-Verlag Berlin Heidelberg GmbH

Peter Holleczek
Birgit Vogel-Heuser (Hrsg.)

Sicherheit und Verfügbarkeit in Echtzeit- und Automatisierungssystemen

Fachtagung der GI-Fachgruppe 4.4.2
Echtzeitprogrammierung, PEARL
Boppard, 28./29. November 2002

Springer

Herausgeber

Peter Holleczek
Regionales Rechenzentrum
der Universität Erlangen-Nürnberg
Martensstraße 1, 91058 Erlangen
holleczek@rrze.uni-erlangen.de

Birgit Vogel-Heuser
Bergische Universität GH Wuppertal
Automatisierungstechnik/Prozessinformatik
Fuhlrottstraße 10, 42097 Wuppertal
bvogel@uni-wuppertal.de

Programmkomitee

R. Arlt	Hannover
R. Baran	Hamburg
W. Gerth	Hannover
H. Heitmann	Hamburg
P. Holleczek	Erlangen
H. Kaltenhäuser	Hamburg
R. Müller	Furtwangen
R. Müller	Leipzig
H. Reißenweber	Paderborn
D. Sauter	München
G. Thiele	Bremen
B. Vogel-Heuser	Wuppertal
H. Windauer	Lüneburg

Bibliographische Information der Deutschen Bibliothek

Die Deutsche Bibliothek verzeichnet diese Publikation in der Deutschen Nationalbibliografie; detaillierte bibliografische Daten sind im Internet über http://dnb.ddb.de abrufbar.

CR Subject Classification (2001): C.3, D.4.7

ISSN 1431-472-X
ISBN 978-3-540-44332-2 ISBN 978-3-642-55713-2 (eBook)
DOI 10.1007/978-3-642-55713-2

http://www.springer.de

Ursprünglich erschienen bei Springer-Verlag Berlin Heidelberg New York 2002

Satz: Reproduktionsfertige Vorlage vom Autor/Herausgeber

Gedruckt auf säurefreiem Papier SPIN: 10894736 33/3142-543210

Vorwort

Die Boom-Jahre scheinen wieder einmal vorbei, diesmal vor allem in der High-Tech-Branche und dort ganz besonders in den IT- und Medien-Bereichen. Es folgen nun wohl magere Jahre und mit ihnen die erdnäheren Beschäftigungen. Für die Fachgruppe ist dies Grund genug, sich mit lange aufgeschobenen Themen zu beschäftigen. **Sicherheit und Verfügbarkeit in Echtzeit- und Automatisierungssystemen** ist der Schwerpunkt des diesjährigen Workshops. Eigentlich hätte es des Konjunktur-Dips nicht bedurft, um die zunehmend strategische Bedeutung des Themas mitzubekommen. Finden doch Technik-zentrierte Katastrophen ihren Weg in die Tagesnachrichten, wie z.B.

o Concorde-Absturz: das Rad und der Tank ?
o Zugunglück bei Eschede: das Rad ?
o Seilbahnunglück bei Kaprun: die Heizung ?

Ganz besonders eindringlich bleiben die Dinge im Bewusstsein haften, wenn dabei Menschen zu Schaden kommen und die Ursachen peinlich genau in Gerichtsprozessen aufgearbeitet werden. Gerade hier zeigt es sich, dass manche technische Errungenschaft ihre Unschuld bereits im frühen Entwicklungsstadium verloren hat.
Auch die Welt der Echtzeit- und Verteilten Systeme ist zunehmend betroffen. War der durch eine Fehlprogrammierung verursachte Ariane 5 – Absturz hauptsächlich ein umweltpolitisches und noch dazu ein recht fernes Problem, so betreffen auf der Strecke stehenbleibende Züge uns schon direkter. Neue Dimensionen gewinnen „die Effekte", wenn Verteilte Systeme, wie z.B. der Online-Handel, durch gezielte, in Ausnutzung von Echtzeit-Zusammenhängen ausgeführte Attacken außer Gefecht gesetzt werden. Glücklicherweise, kann man einwenden, ging es in diesem Bereich nur um wirtschaftliche Schäden. Das muss aber nicht immer so bleiben ...

Auf jeden Fall gewinnt das auf Sicherheit ausgerichtete Schwerpunktthema durchaus an Aktualität. Insofern freut sich die Fachgruppe, dass mit den zahlreichen „zum Thema" eingegangenen Beiträgen immerhin drei Sitzungen gestaltet werden konnten. Man muss dabei im Auge behalten, dass der deutsche Begriff *Sicherheit* verschiedene Bedeutungen hat, die im englischen Sprachgebrauch durch die Begriffe *safety* (→ Zuverlässigkeit) und *security* (→ Schutz) besser differenziert sind und die sich auch in verschiedenen Sitzungen wiederfinden. In der ersten Sitzung des Workshops „Entwicklung sicherer Automatisierungssysteme" wird verfolgt, wie Zuverlässigkeit bereits im Entwicklungsprozess berücksichtigt werden kann. In der Sitzung „IT-Sicherheit und Echtzeitsysteme" werden Angriffszenarien und Schutzaspekte von zumindest echtzeitnahen Systemen beleuchtet. In der letzten Sitzung des Workshops „Validierung und Zertifizierung sicherer Echtzeitsysteme" geht es darum, ob und inwiefern Sicherheit eine objektivierbare Eigenschaft ist.

Unabhängig vom Schwerpunktthema bietet der Workshop wie immer auch ein Forum für seinen hauptsächlichen Aufgabenbereich, die Echtzeitprogrammierung, und wartet mit Beiträgen zur „Programmiermethodik" und Berichten über „aktuelle Echtzeitanwendungen" auf.

Das Programmkomitee der Fachgruppe ist überzeugt, ein aktuelles und interessantes Programm zusammengestellt zu haben und freut sich, in Gestalt der Reihe Informatik aktuell des Bertelsmann-Springer-Verlags wieder ein vorzügliches Publikationsmedium zur Verfügung zu haben. Dank ergeht an die Firmen Artisan, GPP, Siemens, Werum und das Inst. für Rundfunktechnik, die mit ihrer Unterstützung die Veranstaltung erst ermöglicht haben.

Wir wünschen den Teilnehmern einen intensiven Erfahrungsaustausch.

September 2002

Erlangen

Peter Holleczek

Wuppertal

Birgit Vogel-Heuser

Inhaltsverzeichnis

Entwicklung sicherer Automatisierungssysteme

Programmiermethodik

IT-Sicherheit und Echtzeitsysteme

Echtzeit-Anwendungen

Validierung und Zertifizierung sicherer Echtzeitsysteme

Sicherheitsgerichtete programmierbare Systeme (PES) in Anlagen mit Gefährdungspotential

Uwe Jülly

HIMA, Paul Hildebrandt GmbH&Co KG
Albrecht-Bassermann-Str. 28
68777 Brühl bei Mannheim
u.juelly@hima.com

Zusammenfassung. Sicherheitsgerichtete programmierbare elektronische Systeme (PES) unterscheiden sich von "normalen" programmierbaren Systemen durch ihr definiertes Abschaltverhalten im Fehlerfall. Durch den modularen Aufbau und den Einsatz redundanter Baugruppen kann die Verfügbarkeit erhöht werden. Zusammen mit der Funktionsbausteinsprache nach IEC 61131-3 können gut strukturierte und leicht nachvollziebare Steuerungssysteme für Anlagen mit Gefährdungspotential realisiert werden. Die folgenden systemspezifischen Angaben beziehen sich auf die HIQuad-Systeme der Firma HIMA. Allgemeine Aussagen zu programmierbaren Systemen gelten für alle sicherheitsgerichteten programmierbare Systeme.

1 Merkmale sicherheitsgerichteter PES

Sicherheitsgerichtete PES müssen garantieren, daß durch innere und äußere Einflüsse während des Betriebs, z. B. bei Ausfall von Bauelementen oder elektromagnetischer Beeinflussung, kein gefährlicher Zustand entsteht. Der ungefährliche Zustand ist – in Übereinstimmung mit Fehlern außerhalb einer Steuerung – der energielose Zustand. Bei den PES besteht nicht mehr – wie bei konventionellen elektronischen Steuerungen – ein kausaler Zusammenhang zwischen der Fehlerursache und der Fehlerauswirkung. Bei sicherheitsgerichteten PES wird unterschieden zwischen Fehlern bis zur Inbetriebnahme und Fehlern im Betrieb. Bis zur Inbetriebnahme sind Maßnahmen zur Fehlervermeidung anzuwenden und im Betrieb muß das System bei Fehlern sicher reagieren, d. h. defekte Komponenten sind abzuschalten.

Fehlerquelle	Maßnahmen zur Fehlervermeidung
Betriebssystem der SPS	Top-Down-Design, modularer Aufbau, Überprüfung durch unabhängige Stelle (z. B. TÜV) mit Baumusterprüfung, Zertifikat, Bericht zum Zertifikat
Funktion der Steuerung, Programmierung	Klare Darstellung der Funktion, Verständlichkeit, Funktionsbausteinsprache, syntaktische Überprüfungen bei der Eingabe.
Programm, Sicherheitsfunktionen	Off-Line-Test und On-Line-Test. Checklisten, unabhängige Stelle, z. B. TÜV.

Tabelle 1. Maßnahmen zur Fehlervermeidung bis zur Inbetriebnahme

Fehlerquelle	Maßnahmen zur Fehlervermeidung
Umsetzung der Programmierung in Maschinencode	Automatische Speicherplatzverwaltung. Verwendung eines betriebsbewährten Compilers, doppelte Compilierung mit Codevergleicher, Bildung von Signaturen über Programm.
Fertigung	Qualitätssicherungsmaßnahmen, Automatische Tests bei Fertigung von Baugruppen

Tabelle 1 (Forts.). Maßnahmen zur Fehlervermeidung bis zur Inbetriebnahme

Fehlerquelle	Maßnahmen zur Fehlerbeherrschung
Zufällige Fehler in der Hardware	Automatische Tests während des Betriebs. Eine Zentralbaugruppe mit zwei unabhängigen Mikroprozessorsystemen mit Vergleich der Ergebnisse. Bildung der Versions-Signatur im Betrieb. Definierte Reaktion im Fehlerfall (Abschaltung).
Manipulation	Sperren von Funktionen, z. B. Forcen von Ein-/Ausg., Bildung von Run-Signatur im Betrieb.
Äußere Einflüsse	Elektromagnetische Verträglichkeit, Filter in den Eingangskreisen

Tabelle 2. Maßnahmen zur Fehlerbeherrschung im Betrieb

Während des Betriebs werden Einzelfehler, die zu einem gefährlichen Betriebszustand führen können, durch die Selbsttesteinrichtungen innerhalb der Fehlertoleranzzeit (min 1 s einstellbar) erkannt. Die Fehlertoleranzzeit ist eine prozeßtechnische Größe, die häufig in Anwenderrichtlinien als Sicherheitszeit bezeichnet wird. Ausfälle, die sich nur in Kombination mit zusätzlichen Fehlern auswirken können, werden durch Hintergrundtests innerhalb der Mehrfehlereintrittszeit erkannt. Sie ist im Betriebssystem als das 3600-fach von der Sicherheitszeit definiert. Bei erkannten Fehlern wird sofort reagiert (Abschaltung der betroffenen Baugruppe), spätestens nach der Zykluszeit. Wird für den Prozeß eine Sicherheitszeit von 1 s gefordert, darf die Zykluszeit nicht länger als 500 ms sein.

2 Komponenten der sicheren PES

2.1 Sicherheitsgerichtete Eingangsbaugruppen

Die Sicherheit wird durch automatische Testroutinen während des Betriebs erreicht. Im Fehlerfall eines Eingangskanals wird FALSE-Signal in digitalen Kreisen oder ein definierter Fehlerwert in analogen Kreisen verarbeitet. D. h. für den Anwender ist es die konsequente Fortführung des Gedankens der Drahtbruchsicherheit (Ruhestromprinzip), wie bei Sicherheitsstromkreisen üblich. Öffnen eines Geberkontakts, Drahtbruch oder Fehler im Eingangsverstärker hat die gleiche Konsequenz (Abschaltung).

2.2 Sicherheitsgerichtete Zentralbaugruppe, Reaktion auf Fehler

In einer Zentralbaugruppe können mit einem einzigen Mikroprozessorsystem nicht alle Fehler nur durch Testroutinen erkannt werden. Daher enthält eine Zentralbaugruppe ein zweites, unabhängiges Mikroprozessorsystem mit gleichem Anwenderprogramm. Die Ergebnisses der beiden Mikroprozessorsysteme werden miteinander nach dem 1oo2-Prinzip verglichen. D. h. wenn die Tests negativ oder die Daten der beiden Mikroprozessorsysteme sind ungleich sind, wird das Watch-dog-Signal (WD) abgeschaltet. Dies führt zur Abschaltung der daran angeschlossenen Ausgänge (vgl. Bild 2). Diese Struktur kann eingesetzt werden bis AK 6 (Anforderungsklasse 6 nach DIN V 19250) bzw. SIL 3 (Safety Integrity Level 3 nach IEC 61508).

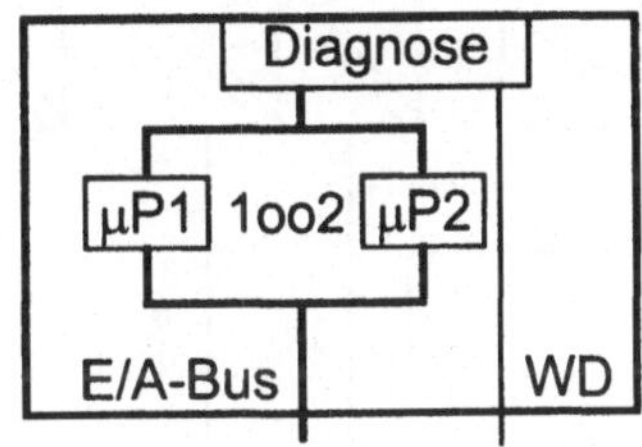

Bild 1. Struktur einer sicherheitsgerichteten Zentralbaugruppe

1oo2	zwei Kanäle mit UND-Verknüpfung, im Fehlerfall abschaltend
1oo1D	ein Kanal mit Diagnose, im Fehlerfall abschaltend
1oo2D	zwei Kanäle mit ODER-Verküpfung und Diagnose, fehlerhafter Kanal wird abgeschaltet
2oo4	zwei parallele 1oo2-Systeme, im Fehlerfall eines 1oo2-Systems wird das fehlerhafte System abgeschaltet und das funktionsfähige 1oo2-System hält den Betrieb aufrecht.

2. 3 Sicherheitsgerichtete Ausgangsbaugruppen

Die Sicherheit von Ausgangsbaugruppen wird gewährleistet durch einen zweiten, unabhängigen Abschaltweg, um den sicheren (energielosen) Zustand im Fehlerfall eines Ausgabekanals zu erreichen. Dies beinhaltet automatische Testroutinen, die das Ausgangssignal mit dem internen Logiksignal vergleichen und zusätzlich für kurze Zeit den Ausgangskanal unabhängig vom Logiksignal schalten.

In den sicherheitsgerichteten Ausgangsbaugruppen sind drei Halbleiter-Schalter in Serie geschaltet. Somit ist der sicherheitstechnisch erforderliche zweite Abschaltweg auf der Ausgangsbaugruppe integriert. Weiterhin ist das Watchdog-Signal von der Zentralbaugruppe einbezogen, so daß beim Ausfall einer Zentralbaugruppe ebenfalls alle Ausgangsbaugruppen sicher abschalten. Denn nichts ist gefährlicher bei sicherheitsgerichteten SPS als das „Einfrieren" von Ausgangssignalen! Die Struktur eines Kanals einer Ausgangsbaugruppe ist im Bild 2 detailliert dargestellt zusammen mit der Ansteuerung über den EA-Bus und dem Watchdog-Signal von redundanten Zentralbaugruppen.

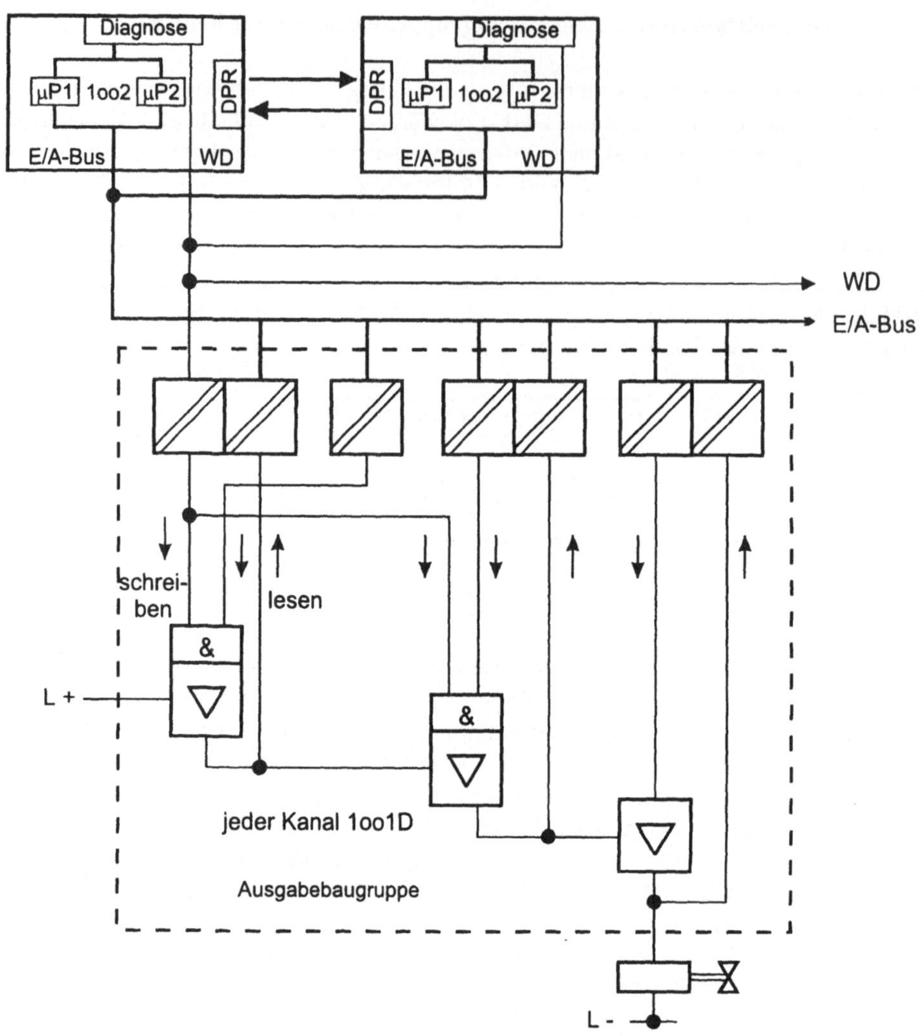

Bild 2. Struktur einer sicherheitsgerichteten Ausgangsbaugruppe, Verbindung zu redundanten Zentralbaugruppen

3 Strukturen von sicheren und hochverfügbaren SPS

Jede der einzelnen Baugruppen kann bis AK 6 / SIL 3 eingesetzt werden. Redundante (parallel arbeitende) Baugruppen erhöhen die Verfügbarkeit, da eine defekte Baugruppe sicher abgeschaltet wird und die funktionsfähige Baugruppe den Betrieb unterbrechungslos aufrecht erhält. Ein solches sicherheitsgerichtetes System ist sehr einfach anzuwenden und erlaubt verschiedene Systemstrukturen, die sich nur durch die geforderte Verfügbarkeit unterscheiden.

3.1 Sicherheit und normale Verfügbarkeit

Bei der einfachsten Systemstruktur werden die Ein- und Ausgangsbaugruppen und die Zentralbaugruppe jeweils einkanalig eingesetzt.

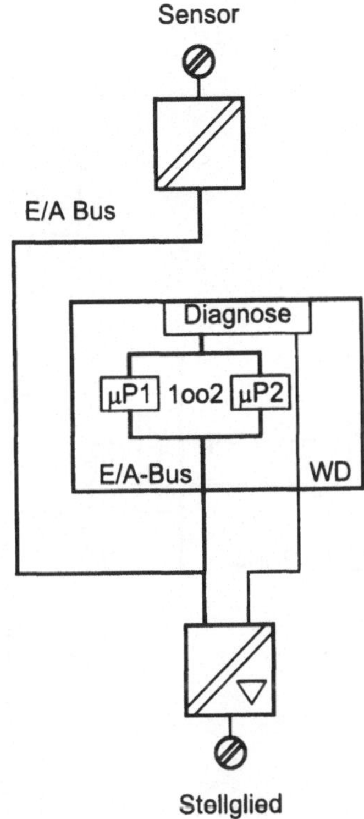

Bild 3. Struktur für Sicherheit bis AK 6 / SIL 3 und normale Verfügbarkeit

Diese einfachste Systemkonfiguration hat bereits eine gute Verfügbarkeit. Die Gründe sind: Hochwertige Industrieschaltkreise zusammen mit einem hohem Produktionsstandard (SMD) ergeben hohe MTBF-Werte (Mean Time Between Failure), die modulare Systemausführung und mit einer Zentralbaugruppe und getrennten Ein-/Ausgangsbaugruppen erlaubt das Auswechseln von Baugruppen im Betrieb und die klare Diagnoseanzeige von defekten Baugruppen minimiert die Zeit zur Fehlerbehebung (MTTR = Mean Time To Restoration).

3.2 Sicherheit und höchste Verfügbarkeit

Höchste Verfügbarkeit wird erreicht, wenn alle Komponenten sicherheitsgerichteter Kreise redundant vorhanden sind. Das Signal eines Gebers wird verzweigt auf zwei unabhängige Eingangsbaugruppen. Dies ergibt zwei Eingangssignale, die innerhalb des Anwendeprogramms über eine ODER-Funktion geführt werden oder in Analogkreisen der Mittelwert gebildet wird. Beide Zentralbaugruppen tauschen ihre Werte über den DPR (Dual Ported RAM) aus, so daß die gleichen Werte in beiden Zentralbaugruppen verarbeitet werden. Jede Zentralbaugruppe hat ihre eigenen Ausgabeverstärker, die parallel geschaltet sind zur Ansteuerung des Stellglieds.

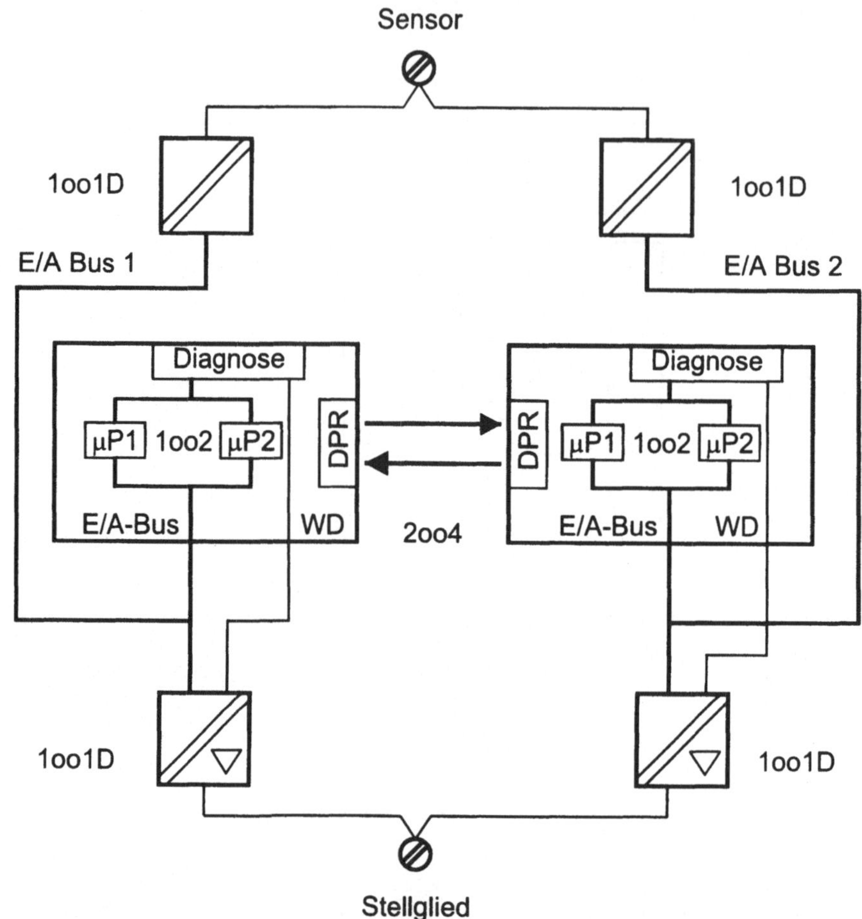

Bild 4. Struktur für Sicherheit bis AK 6 / SIL 3 und höchster Verfügbarkeit

Im Falle eines beliebigen Komponentenfehlers werden der Betrieb und die Sicherheit der Anlage nicht beeinflußt. Eine defekte Ein- oder Ausgangsbaugruppe wird automatisch abgeschaltet; die Position der Baugruppe wird auf der Diagnoseanzeige gemeldet. Nach dem Wechseln wird der redundante Betrieb automatisch wieder aufgenommen. Nach dem Wechseln einer Zentralbaugruppe ist das Anwenderprogramm zu laden. Die im Betrieb befindliche Zentralbaugruppe versucht ständig, mit der anderen Zentralbaugruppe zu kommunizieren. Wenn das gleiche Anwenderprogramm mit der gleichen Signatur vorhanden ist, werden zuerst die aktuellen Daten (z. B. Istwerte von Zeitstufen) in die andere Zentralbaugruppe transferiert. Im nächsten Zyklus wird dann der redundante Betrieb der beiden Zentralbaugruppen wieder aufgenommen.

3.3 Sicherheit und zugeordnete Verfügbarkeit

Ein System mit höchster Verfügbarkeit entsprechend Bild 4 wird nicht oft gefordert, während ein System mit normaler Verfügbarkeit entsprechend Bild 3 für die Prozeßindustrie nicht ausreichend ist. Daher wird meistens ein System mit zugeordneter Verfügbarkeit verwendet entsprechend Bild 5. Es ist eine Mischung der beiden vorherigen Strukturen. Es werden fast immer redundante Zentralbaugruppen eingesetzt – vor allem auch wegen der Forderung nach On-Line-Änderungen im Betrieb. D. h. Änderungen des Anwenderprogramms können im Betrieb ohne Abschalten der Anlage durchgeführt werden.

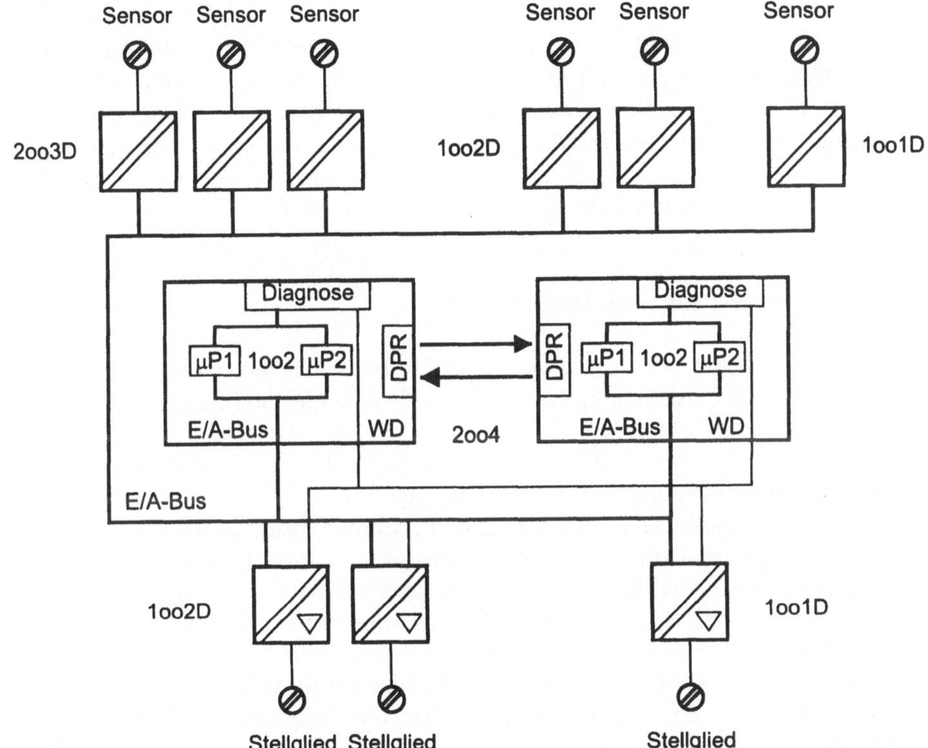

Bild 5. Struktur für Sicherheit bis AK 6 / SIL 3 und zugeordneter Verfügbarkeit

Eingangsbaugruppen können im einkanaligen, redundanten oder 2oo3-Betrieb eingesetzt werden. In diesem Fall soll der Anwender nicht nur auf die Verfügbarkeit der elektronischen Baugruppen, sondern auch auf die Sicherheit der Sensoren achten. Wenn keine sicherheitsgerichteten Sensoren vorhanden sind, müssen zwei Sensoren an der gleichen Meßstelle installiert werden und die beiden Signale sind über UND-Funktion (1oo2) zu verknüpfen. Wenn drei Sensoren an einer Meßstelle installiert sind, werden die Signale über eine 2oo3-Auswahlschaltung geführt. In jedem Fall ist eine Diskrepanzüberwachung der zwei bzw. drei Gebersignale erforderlich. Ausgabebaugruppen werden parallel angesteuert und evtl. direkt parallel geschaltet (Bild 4).

4. Programmierung einer sicheren SPS

4.1 Basis der Programmierung

Die Spezifikation ist die Basis der Programmierung und bei der Überprüfung der korrekten Umsetzung in das Anwenderprogramm. Dies kann für eine kombinatorische Logik ein Ursache/Wirkungs-Schema oder ein Logikschema mit Standardfunktionen bzw. Funktionsblöcken mit spezifizierten Eigenschaften sein. Für sequenzielle Steuerungen können es verbale Beschreibungen sein, Ablaufpläne nach DIN 40719 – 6 oder eine Tabelle mit Fortschaltbedingungen und den zu steuernden Stellgliedern (siehe Tabelle 3).

Für die Sensoren und Stellglieder ist das Signal im Normalbetrieb wichtig. Für sicherheitsrelevante Kreise ist auf jeden Fall das Ruhestromprinzip einzuhalten, d. h. Strom bzw. Spannung im Normalzustand. Falls keine sicherheitstechnischen Sensoren oder Stellglieder vorhanden sind bzw. eingesetzt werden können, sind redundante Verschaltungen (1oo2 oder 2oo3) erforderlich. Diese müssen auf Diskrepanz überwacht werden bzw. sind in regelmäßigen Zeitabständen auf ihre Sicherheit zu testen.

4.2 Programmierung nach IEC 61131-3

Sicherheitssteuerungen werden in der Funktionsbausteinsprache programmiert, da diese am besten die Forderung nach Verständlichkeit und leichter Nachvollziehbarkeit erfüllt.

Wesentliches Merkmal einer Programmierung nach IEC 1131-3 ist die Kapselung von gleichen Funktionalitäten in Funktionen bzw. Funktionsbausteinen. Dies erfordert vor Beginn der Programmierung eine genaue Analyse der Aufgabenstellung und eine Strukturierung des Anwenderprogramms. Es kann oft auf bereits vorhandene oder evtl. zu modifzierende Funktionen oder Funktionsbausteine zugegriffen werden, die aus einer Bibliothek des Anwenders oder der Firma in die Bibliothek des Projekts kopiert werden. Diese Art der Programmierung bedeutet für viele Programmierer von SPS ein radikales Umdenken, da bisher die Anwenderprogramme oft nur aus reinen Grundfunktionen erstellt wurden.

5 Beispiel einer Programmierung für einen Ölbrenner

Es zeigt die praktische Umsetzung der in Kapitel 4 gestellten Forderungen. Ein Anwenderprogramm für einen Brenner ist eine typische sequenzielle Steuerung, die in jeder Phase des Betriebs nur einen definierten Zustand hat. Daher können leicht die Betriebsphasen selbst, die Bedingungen für den Übergang in die nächste Betriebsphase und die zu steuernden Ausgänge in den einzelnen Betriebsphasen definiert werden. Besonders wichtig ist die Definition der zu erwartenden Störungen im Betrieb, wenn die erwarteten Rückmeldungen innerhalb der vorgegebenen Zeit nicht kommen bzw. die Flamme nicht (mehr) erkannt wird.

Größere Brenniersteuerungen bestehen oft aus mehreren Brennern, u. U. auch mit verschiedenen Brennstoffen und einer gemeinsamen Vorbelüftung. In diesem Fall wird ein Funktionsbaustein für die Vorbelüftung und pro Brenner ein Funktionsbaustein definiert. Die Art und Weise der Programmierung für diese Funktionsbausteine kann vom aufgezeigten Beipiel voll übernommen werden.

5.1 Spezifikation der Funktion in Tabellenform (Auszug)

Betriebsphasen	**0**	**1**	**2**	**3**
Ein	=&	=======	=======	=======
Luftklappe Pos. max		=&	=======	=
Luftklappe Pos. min	====	=		=&
Vorlüftzeit			=====&	
Luftklappe				
Flammwächter Relais				
Lampe Betrieb				
Störphasen		**11**	**12**	**14**
Laufz. Luftkl. max		&		
Luftklappe max		/&	/&	
Laufz. Luftkl. min				&
Luftklappe min				/&
			13	
Flamme			&	

Betriebsphasen
0 Brenner bereit
1 Ansteuerung Luftklappe
2 Vorbelüftung
3 Absteuerung Luftklappe

Störphasen
11 Luftklappe keine max. Position
12 Luftklappe keine max. Position, VBL
13 Flamme bei Vorbelüftung
14 Luftklappe keine min. Position

= H-Signal Eing. & Abfrage H-Signal /& Abfrage L-Signal

Tabelle 3. Spezifikation der Funktion eines Ölbrenners in Tabellenform

Die einzelnen Phasen (Zustände) des Brenners sind gekennzeichnet durch Zahlenwerte, die sowohl den normalen Betriebsablauf als auch denkbare Störungen des Brenners repräsentieren. Die Bezeichnung der Betriebs- und Störphasen sind identisch mit dem Instanznamen der einzelnen Schrittbausteine im Programm des Funktionsbausteins. Die Tabelle sagt aus, welche Eingangssignale vorhanden sein müssen bzw. nach welcher Zeit in die nächste Betriebsphase geschaltet wird. Im unteren Teil der Tabelle ist dargestellt, welche Ausgänge in welcher Phase gesteuert werden. Zuletzt sind die Betriebsstörungen dargestellt. Bei einer Störung werden keine Ausgänge mehr gesteuert und somit der sichere Zustand erreicht.

5.2 Funktionsbaustein OELBREN-M

Oelbrenner

Eingänge	Oelbren-M	Ausgänge
Ein/Aus		Luftklappe
Luftklappe Pos max		Flammwaechter Relais
Luftklappe Pos min		Zuendtrafo
Signal Flamme		Zuendventil
		Oelventil
		Freigabe Regelung
Laufzeit Luftklappe max		Oeffnungszeit Luftklappe
Vorlueftzeit		Istwert Vorlueftzeit
Laufzeit Luftklappe min		Schliesszeit Luftklappe
Zuendzeit		Istwert Zuendzeit
		Zuendstabilisierungszeit
		Zeit bis Regelung frei
		Step
Taste Lampenpruefung		Lampe Betrieb
Taste Entriegelung		Lampe Stoerung

Bild 6. Schnittstellendeklaration (Maske) des Bausteins Oelbren-M

5.3 Programm des Funktionsbausteins OELBREN-M (Auszug)

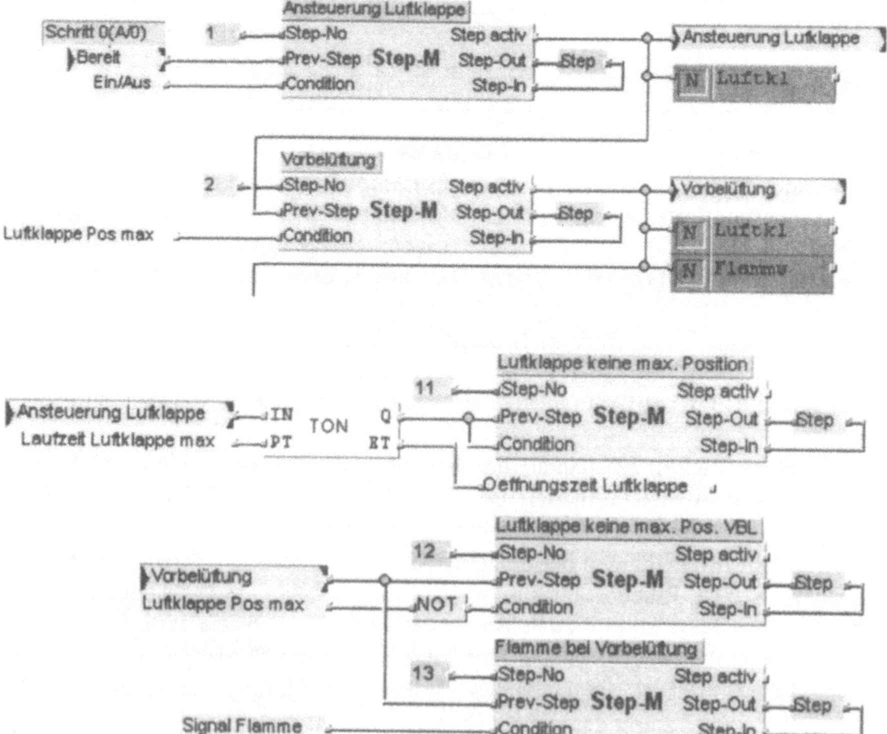

Die Bedeutung der Mensch-Maschine-Schnittstelle für Sicherheit und Zuverlässigkeit von technischen Systemen

P. F. Elzer

Institut für Prozeß- und Produktionsleittechnik (IPP)
Technische Universität Clausthal (TUC)
Julius-Albert-Str. 6
38678 Clausthal-Zellerfeld, Deutschland
{elzer}@ipp.tu-clausthal.de

Zusammenfassung: Im Gegensatz zu weit verbreiteten Ansichten ist die Gestaltung der Mensch-Maschine-Schnittstelle wesentlich für Sicherheit und Zuverlässigkeit von technischen Systemen. Das gilt besonders für Transportmittel wie z.B. Flugzeuge und Autos. Im vorliegenden Papier werden einige Beispiele geschildert sowie neuere Ansätze zur Verbesserung des Standes der Technik dargestellt.

1 Zur Situation

1.1 Stand der Diskussion

Im Frühjahr 1999 fand an der TUC ein (von der VW-Stiftung geförderter) internationaler Workshop statt mit dem Thema "Human Error and System Design and Management". Es nahmen Vertreter(innen) von Industrie und Forschung aus den USA, England, Norwegen, den Niederlanden und Deutschland daran teil. Er basierte unter anderem auf den Ergebnissen eines ebenfalls von der VW-Stiftung geförderten Projektes[1] mit dem Titel: "Der Einfluß der Mensch-Maschine-Schnittstelle auf die Fehleranfälligkeit menschlicher Bedienhandlungen" und hatte ursprünglich zur Aufgabe, die Ergebnisse dieses Projektes in einem allgemeineren Kontext und auf internationaler Basis zu diskutieren.

Die Vorträge und Diskussionen entwickelten jedoch einen weit allgemeineren Charakter und umfaßten schließlich die meisten der derzeit aktuellen Denkrichtungen auf dem Gebiet der Mensch-Maschine Systeme. Daraus entwickelte sich ein ziemlich vollständiges Bild des derzeitigen Standes der Diskussion auf internationaler Ebene. Wesentlich dafür war auch, daß die Teilnehmer(innen) des Workshop nicht nur aus einem Anwendungsgebiet stammten, sondern sowohl großtechnische Systeme, wie z.B. Kraftwerke, als auch Flugwesen, Automobiltechnik und Gebrauchsgüter vertraten. Die Ergebnisse wurden in einem Tagungsband veröffentlicht [1].

Insbesondere herrschte Einvernehmen darüber, daß die Wechselwirkung zwischen Mensch und Maschine nicht mehr allein unter dem Gesichtspunkt der Beziehung "Operateur(e) - technisches System" diskutiert werden kann. Die Möglichkeiten zur richtigen Identifikation und Einschätzung des Zustandes eines technischen Systems sowie die eventuell nötigen Eingriffe des Betriebspersonals hängen ebenso von der

Konstruktion des technischen Systems als solchem, wie auch von dem umgebenden sozialen Umfeld (z.B. dem "Management", gesellschaftlichen Grundhaltungen, ja sogar Moden) ab. Fig. 1 illustriert einige der dabei auftretenden Wechselbeziehungen.

Die Diskussionen auf dem Workshop umfaßten auch neuere Überlegungen zu Themen wie "Multi-Media", "ökologische Interfaces" oder "Situation Awareness". Das sorgfältige Training des Bedienpersonals und moderne Prinzipien der Wartengestaltung wurden aus Sicht der Industrie dargestellt. Schließlich bestätigte sich eine der Grundannahmen: daß nämlich weniger experimentell abgesicherte Fakten vorliegen als gemeinhin angenommen. Es erscheint deshalb sinnvoll, die experimentellen Arbeiten an der Grenzlinie zwischen Kognitionswissenschaften und Technik weiter zu intensivieren.

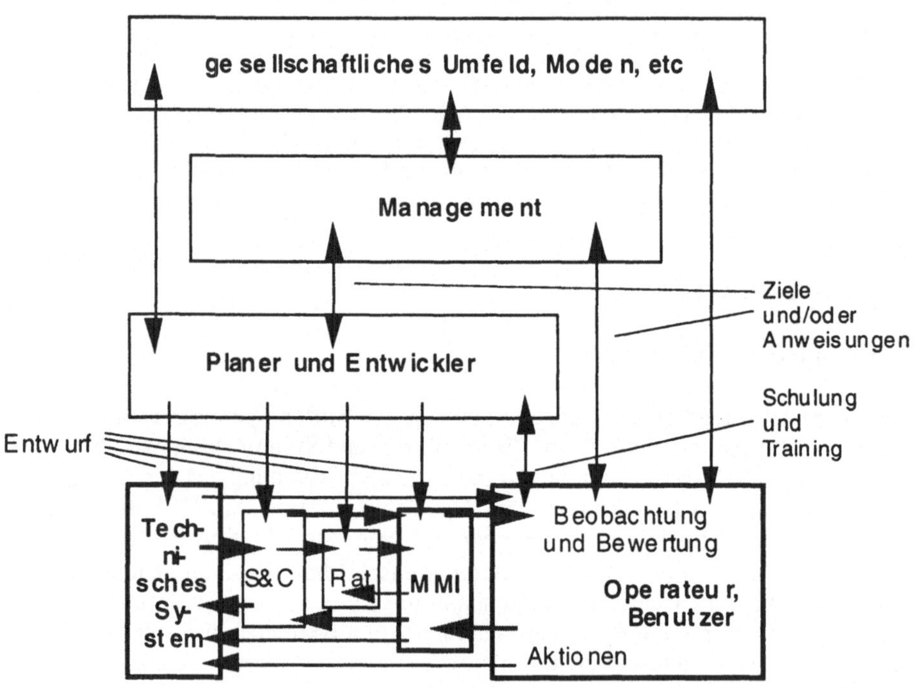

Abb. 1: Einflüsse auf die Systemsicherheit

In einem anderen Workshop, das im September 1999 von der Universität Linköping in Schweden veranstaltet wurde, wurde die entscheidende Bedeutung der Mensch-Maschine-Schnittstelle für Sicherheit und Zuverlässigkeit von technischen Großsystemen schwerpunktmäßig herausgearbeitet. Dabei wurde das Thema vor allem aus dem Blickwinkel des Luftverkehrs betrachtet. Dort besteht wegen der geplanten Einführung zukünftiger Großraumflugzeuge die Notwendigkeit, die - derzeit ohnehin schon sehr kleine - Unfallrate um mindestens eine weitere Zehnerpotenz zu senken. Es wurde festgestellt, daß dafür - neben allen selbstverständlich ergriffenen technischen Maßnahmen - die systematische Gestaltung der Mensch-Maschine-Interaktion ein besonders hohes Erfolgspotential aufweist.

Dies scheint im Widerspruch zu stehen zu Trends, die - leider - seit einigen Jahren zu beobachten sind: daß nämlich entweder bei der Gestaltung der Mensch-Maschine-Schnittstelle immer mehr gespart oder daß sie mit Funktionen überladen wird. Der erste Aspekt wird zum Teil mit "Kostendruck" begründet oder damit, daß "Menschen sich an alles gewöhnen", der zweite damit, "daß der Markt die Features eben will". In Diskussionen darüber hilft es erfahrungsgemäß wenig, das Argument dagegenzuhalten: "wenn Ihnen Sicherheit zu teuer ist, versuchen Sie es doch einmal mit einem Unfall".

Üblicherweise wird in der Diskussion auch das Beispiel des "Beinahe-GAU" im KKW "Three-Mile-Island" zitiert. Dieses ist inzwischen aber schon sehr "abgenutzt". Außerdem erlebte der Autor im Jahre 2000 auf einer einschlägigen Fachtagung in den USA, wie der damals verantwortliche Chefoperateur sagte: "im Nachhinein betrachtet wäre es das Beste gewesen, wenn wir gar nichts unternommen hätten. Wir wissen heute, daß die Automatik von selbst das Kraftwerk wieder stabilisiert hätte!"

Ganz anders ist die Situation bei Transportmitteln. Deshalb sollen hier zwei Beispiele aus der Luftfahrt herangezogen werden, bei denen Eingriffe von Menschen notwendig und vorgesehen waren.

1.2 Zwei Beispiele aus der Luftfahrt

Das erste erscheint relativ einfach. Es betrifft die nahezu überall anzutreffenden "multimodalen Einstelleinrichtungen", z.B. die Mehrfachbelegung von Bedienknöpfen. Der Autor erfuhr davon durch ein persönliches Gespräch mit Piloten, als er vor einigen Jahren einmal nach der Ursache eines Flugzeugunglückes mit vielen Toten in Europa fragte. Es handelte sich um ein damals sehr modernes Flugzeug, das über eine automatische Landehilfe verfügte, die am oberen Ende der Instrumententafel direkt unter der Windschutzscheibe angeordnet war. Sie war von beiden Pilotensitzen aus gut einzusehen und zeigte die Parameter des Sinkfluges an, die dort auch eingestellt werden konnten.

Um den jeweiligen Gewohnheiten - und Wünschen - der Piloten gerecht zu werden, konnte man die Werte auf zwei verschiedene Weisen einstellen und anzeigen:

a) als Sinkgeschwindigkeit oder b) als Abstiegswinkel.

Diese Lösung erfüllte zudem die häufig gestellte ergonomische Forderung nach "Reduktion der Anzahl der Einstellknöpfe und Anzeigen" und wurde deshalb zunächst allgemein akzeptiert. Das ging so lange gut, bis einmal ein Pilot beim Anflug auf den Flughafen einen der beiden Einstellmodi verwendete, aber den anderen meinte. Die Folgen waren tragisch.

Ein zweites Beispiel, bei dem ein einziger Knopfdruck ebenfalls viele Menschenleben kostete, ist wesentlich komplizierter: das Unglück fand in Südamerika statt und betraf ein US-amerikanisches Flugzeug - ebenfalls modernster Bauart. Der Flughafen war ausreichend mit Leittechnik ausgestattet. Der erfahrene Flugkapitän hatte ihn schon mehrfach angeflogen und konnte sich mit den Fluglotsen völlig ausreichend verständigen. Der Copilot, der zu diesem Zeitpunkt das Flugzeug steuerte, kannte den Flughafen noch nicht und sollte deshalb vom Kapitän eingewiesen werden.

Dieser einigte sich mit den Fluglotsen auf die zu benutzende Landebahn und gab das Kürzel für das dafür gültige Funkfeuer in den Flugrechner ein. Kurz darauf stellten beide Piloten fest, daß irgendetwas nicht stimmen konnte und versuchten, den Grund dafür herauszufinden. Sie hatten aber nicht mehr die Zeit dafür, da das Flugzeug mit voller Geschwindigkeit in einen Berg raste, der (nach ihren vom "voice recorder" aufgezeichneten letzten Worten) dort überhaupt nicht hätte sein dürfen. Eine ausführliche Beschreibung des rekonstruierten Unfallhergangs und seines komplizierten Ursachengeflechts durch einen der beteiligten Gutachter findet sich in [2]. An dieser Stelle sollen deshalb nur einige wenige Punkte daraus dargestellt werden:

- Der Kapitän gab den ersten Buchstaben des Namens des maßgeblichen Funkfeuers ein. Die Datenbank des Flugrechners war aber so organisiert, daß sie die Koordinaten eines anderen - wesentlich häufiger angeflogenen - Funkfeuers mit dem gleichen Anfangsbuchstaben bereitstellte. Dies ist eine nicht unübliche Funktion, die den "Bedienkomfort" erhöhen soll.
- Der Rechner führte den Befehl sofort aus, da eine Rückfrage an den Piloten nicht vorgesehen war. Dies führte zu einer radikalen Kursänderung. Eine zwangsweise Rückfrage wird aber von vielen Benutzern bei Arbeit unter Zeitdruck als störend kritisiert!
- Die Piloten, die beide mit anderen für die Vorbereitung der Landung notwendigen Tätigkeiten ausgelastet waren, und deshalb nicht aus dem Fenster sahen, bemerkten die Kursänderung zunächst nicht, da die Regelung moderner Passagierflugzeuge "auf Komfort ausgelegt ist". Dadurch soll vor allem bewirkt werden, daß die Passagiere Kurvenflüge nicht mehr als unangenehm empfinden. Das bewirkt aber auch, daß sich die Piloten nicht mehr auf die - korrigierende - Rückmeldung durch ihr Gleichgewichtsorgan verlassen können.
- Eine - eigentlich vorgeschriebene - vorherige mündliche Abstimmung zwischen den Piloten über die beabsichtigten Eingaben an den Rechner fand in diesem Fall nicht statt. Beide Piloten hatten deshalb eine völlig unterschiedliche Einschätzung der Situation.

Nach Ansicht des Autors liegt der Hauptunterschied dieser beiden Beispiele zu dem des KKW darin, daß es sich dabei nicht um einen stationären technischen Prozeß mit weitestgehend vorausplanbarem Verhalten handelt, sondern um Transportmittel, die sich durch den Raum bewegen und deren Verhalten ständig wechselnden Umgebungsbedingungen angepaßt werden muß. Letzteres ist nur durch die "Improvisationsbegabung" von Menschen möglich. Außerdem wird die Situation bei der Steuerung von Transportmitteln üblicherweise noch dadurch verschärft, daß die Zeitkonstanten kürzer sind als in der Prozeßtechnik.

Es erscheint also dringend geboten, aus der Flugzeugtechnik zu lernen, um nicht bei der Auslegung der Bedienelemente der "Autos der neuen Generation" wieder ähnliche Fehler zu machen. Derzeit scheint hier eine bedenkliche Tendenz dahingehend zu herrschen, daß "man baut, was Spaß macht und sich gut verkaufen läßt", ohne tiefer über mögliche Unfallrisiken nachzudenken. Außerdem scheint man sich bei der Bedienphilosophie mehr an dem zu orientieren, was bei PC's üblich ist, als an den Notwendigkeiten von technischen Prozessen - die Autos ja schließlich sind.

Wie in Abb. 1 illustriert, ist die Situation aber leider so kompliziert und enthält so viele Vermaschungen und Querbeziehungen, daß es noch nicht möglich ist, einfache und leicht überprüfbare Konstruktionsregeln aufzustellen. Der Entwickler steht eigentlich bei jeder Entscheidung vor einem Dilemma.

2 Die "12 Dilemmas"

Die schwierigen Entscheidungen, vor die sich Entwickler von Mensch-Maschine-Schnittstellen dauernd gestellt sehen, hat Sheridan sehr prägnant in der Form von "12 Dilemmas" [3] dargestellt:

1 Der Zwang zur Automatisierung: wie dämpft man den Übereifer?
2 Verbessertes "Situationsbewußtsein" UND gleichzeitig genügend Zeit zum Handeln: ist das ein Widerspruch?
3 Beratungssysteme und Entscheidungshilfen: wie weit soll man ihnen vertrauen?
4 Endgültige Entscheidungsbefugnis: wer sollte das letzte Wort haben - Mensch oder Rechner?
5 "Naturähnliches" Erkennen und Entscheiden (z.B. nach den Prinzipien von Gibson [4] oder traditionelle normative Entscheidungsthorie: können sie kompatibel sein?
6 Fehlerzuweisung: ist sie in geschlossenen Regelkreisen überhaupt möglich?
7 Voraussagbarkeit des Systemverhaltens gegenüber "freiem Willen" und Kreativität der Menschen: wo zieht man die Grenzen?
8 Glaube / Vertrauen / Bewertung: eine Überfülle inkonsistenter Methoden?
9 Die Lücke bei der mathematischen Modellierung von MMK und überwachender Steuerung: kann sie geschlossen werden?
10 "Menschengemäßer Entwurf": des Kaisers neue Kleider?
11 Entfremdung des Einzelnen gegenüber der Technologie: wie geht man damit um?
12 Die Welt als ein System mit überwachender Steuerung und vielen Mensch-Maschine Schnittstellen: eine Erweiterung unserer Verantwortlichkeit?

Es ist also sicher nicht verwunderlich, daß die Entwickler von Mensch-Maschine-Schnittstellen schon lange den Wunsch nach klaren und leicht anwendbaren Entwurfsregeln oder "Guidelines" äußern. Leider ist dieser Wunsch zur Zeit noch immer nicht so ohne weiteres erfüllbar, wenn sich auch laufend weitere praktisch verwertbare Denkansätze herausbilden.

3 Auf dem Weg zu Entwurfsgrundsätzen?

3.1 Anforderungen der Arbeitsprozesse

So zeigt das zweite Beispiel in Abschnit 1.2 schon recht deutlich, welche Gesichtspunkte für die Gestaltung der Mensch-Maschine-Schnittstelle sich aus einer genaueren Betrachtung des Arbeitsprozesses hätten herleiten lassen:

- Klarstellung des jeweiligen Kontextes, in dem Eingaben und/oder Anzeigen zu verstehen sind - und zwar sowohl aus der Sicht aller beteiligten Bediener als auch aus der des "Rechnersystems", d.h. eigentlich der von dessen Entwickler;

- Rückmeldungen seitens des Systems dahingehend, was auf die jeweiligen Eingaben hin geschehen wird (oder soll);
- Berücksichtigung der Einflüsse der Regelungseinrichtungen auf das Verhalten des Gesamtsystems bei der Auslegung der Schnittstelle und der Bedienvorgänge;
- Analyse und Festlegung der Arbeitsvorgänge bei der Bedienung eines technischen Systems durch mehrere Menschen gleichzeitig;
- Sicherstellung einer Korrektur und übereinstimmenden Einschätzung der jeweiligen Situation durch alle beteiligten Mitglieder einer Bedienmannschaft;
- Aufstellung und konsequente Einhaltung von sicherheitsorientierten Betriebsprozeduren.

3.2 Schaffung von Situationsbewußtsein (Situation Awareness)

Als einem übergeordneten Leitbegriff wird zur Zeit in der Luftfahrt dem Gedanken der "Situationseinschätzung" (= Situation Assessment, "SA") breiter Raum eingeräumt. Eine Hauptvertreterin dieser Forschungsrichtung ist Frau Endsley [5], die ihre theoretischen Ansätze auch auf breit angelegte Untersuchungen abstützt. Nach Ansicht des Verfassers besteht der wichtigste Fortschritt gegenüber den bisherigen Betrachtungsweisen darin, daß auch das zeitliche Verhalten von Systemen mit integriert wird. Eine korrekte Situationseinschätzung findet in drei Stufen ("Levels") statt:

SA1: (bewußte) Erfassung spezifischer Schlüsselinformationen, die eine Situation beschreiben;
SA2: gesamthafte Erfassung und Integration dieser Informationen (nach dem Gestaltprinzip) im Lichte der operationellen Ziele;
SA3: Fähigkeit, das Verhalten des Systems in die (nächste) Zukunft zu projizieren.

Tabelle 1 zeigt, welch hohen Einfluß die Situationseinschätzung auf die Fehlerrate menschlicher Bedienhandlungen hat (Zahlenwerte in %):

Faktor	Studien über Pilotenverh.		Studien über Fluglotsentätigkeit			
Information nicht verfügbar, schwierig zu entdecken, nicht erkannt, falsch verstanden, falsch erinnert						
Gesamt Level 1	**80.2**	**72**	**30,4**	**28,4**	**71**	
falsches, fehlendes oder unvollständiges mentales Modell, übermäßiges Vertrauen in Defaultwertedes ment. Modells						
Gesamt Level 2	**16,9**	**22**	**20,1**	**24,2**	**21,4**	
Überbewertung aktueller Trends, etc.						
Gesamt Level 3	**2,9**	**6**	**49,5**	**47,4**	**28,6**	*
Anteil "SA-Fehler" am Gesamtkomplex "menschliches Versagen"	**88**	**88**	**58,6**	**69,1**	**71**	

*) Summe wegen Mehrfachberücksichtigung einzelner Faktoren höher als 100 %

Tab. 1: Beitrag verschiedener "SA-Ebenen" zur Gesamtfehlerrate

Auffällig ist dabei die Verteilung der Fehlerursachen auf die verschiedenen Ebenen, vor allem der Unterschied zwischen mehr reaktiven (skill-based", "rule-based") Aufgaben, wie der von Piloten (oder evtl. auch Autofahrern) und planenden ("knowledge-based") Tätigkeiten, wie der von Fluglotsen. Im ersten Fall machen Fehler bei der "richtigen Erfassung" (also Ebene 1) ca. 75 % aus, eine Projektion in die Zukunft ist kaum nötig. Im zweiten Fall beruhen Fehler zu über 40 % auf falschen Annahmen über die weitere Entwicklung des Systemzustandes. Es liegt nahe, daraus Konsequenzen für Entwurfsrichtlinien von Interfaces für verschiedene Aufgabenklassen abzuleiten.

3.3 Berücksichtigung von "Fehlerbehebungsfaktoren"

Der traditionelle Ansatz in Bezug auf Sicherheit und Zuverlässigkeit des Betriebs technischer Systeme war, entweder Menschen "als das fehleranfälligste Glied in der Kette" ganz herauszunehmen oder zu versuchen, menschliche Fehler möglichst auszuschalten. Fehlerforschung wurde hauptsächlich mit dem Ziel betrieben, das Zustandekommen von Fehlern zu verstehen, um sie dann ausschalten zu können.

Inzwischen stellte sich heraus, daß menschliche "Fehler" nicht nur unvermeidlich sind, sondern ein ganz wesentliches Element des menschlichen Lernprozesses darstellen - also in manchen Situationen sogar notwendig sind. Daraus ergeben sich völlig andere Gesichtpunkte für die Auslegung von Mensch-Maschine-Systemen. Danach kommt es vor allem darauf an, das Gesamtsystem so fehlertolerant zu machen, daß die für die Bewältigung neuer Situationen notwendigen menschlichen Irrtümer und Lernprozesse keine weitere Verschlechterung der Situation bewirken können.

Der nächste Schritt sind Überlegungen dahingehend, wie die Lernfähigkeit von Menschen und ihre Begabung zur Improvisation genutzt werden können, um aufgetretene technische oder begangene menschliche Fehler rückgängig zu machen oder ihre Folgen zu beheben. Dies kann (oder muß) natürlich durch entsprechende Eigenschaften des technischen Systems und der Mensch-Maschine-Schnittstelle sowie durch organisatorische Maßnahmen unterstützt werden. Dafür wurde der Begriff "(Fehler-)Behebungsfaktoren" ("recovery factors") geprägt. Nach van der Schaaf [6] sind mögliche Behebungsfaktoren:

- T(1): Technischer Entwurf des Prozesses (z.B. Umkehrbarkeit von Prozeßreaktionen, "lineare Interaktion", "lose Kopplung");
- T(2): Technischer Entwurf der Mensch-Maschine-Schnittstelle (z.B. maximale Beobachtbarkeit, Fehlerfrüherkennung, Transparenz statt Alarmüberflutung);
- O: Organisatorische Faktoren (z.B. aktuelle, klar formulierte und allgemein akzeptierte Betriebsvorschriften, Sicherheitskultur);
- H: Menschliche Faktoren (z.B. Sicherheitskultur, Auswahl und Ausbildung der Operateure, Unterstützung durch Beratungssysteme).

In Tabelle 2 sind durch Untersuchungen ermittelte prozentuelle Anteile von Fehler- und Behebungsfaktoren für drei Anwendungsklassen zusammengestellt. Ähnlich wie beim Situationsbewußtsein sind auch hier die verschiedenen Klassen von Faktoren je nach Aufgabenklasse verschieden verteilt.

Fehlerfaktor:	T	O	H	X	Behebungsfaktor:	T	O	H	X
Stahlwerk	21	33	44	2	Stahlwerk	47	21	21	11
Kraftwerk	6	37	56	1	Kraftwerk	16	20	55	9
Operationssaal	40	23	33	4	Operationssaal	27	5	66	2

Tab. 2: Verteilung von Fehler- und Behebungsfaktoren (nach [Sch96])

4 Ein Beispiel für experimentelle Untersuchungen

4.1 Vorbemerkungen

Eine korrekte und rechtzeitige Sitationseinschätzung scheint also ganz wesentlich für die Überwachung technischer Systeme zu sein. Es liegt deshalb nahe, in der Luftfahrt gewonnene Einsichten auch auf die Prozeßleitechnik anzuwenden und dort zu überprüfen.

Zu diesem Zweck wurde ein Teil der Ergebnisse des eingangs erwähnten Verbundprojektes neu bewertet. In diesem Projekt wurde untersucht, inwieweit durch die Gestaltung der Mensch-Maschine-Schnittstelle die Fehlerrate des Personals bei der Diagnose und Klassifikation des Zustandes zu überwachender technischer Systeme beeinflußt wird. Dazu wurden von den verschiedenen Projektpartnern verschiedene Kombinationen von teils üblichen, teils neuentwickelten Darstellungsformen in umfangreichen Versuchsreihen an verschiedenen Kraftwerkssimulatoren getestet. Wesentliche Gesichtspunkte waren dabei die Zeit, die die Versuchspersonen benötigten, um unerwünschte Prozeßzustände zu entdecken und die Anzahl der dabei gemachten Fehler.

Die folgenden Überlegungen beziehen sich einstweilen nur auf die am IPP gewonnenen Daten und sind deshalb zunächst als eine Hypothese zu betrachten.

4.2 Bewertung der Ergebnisse

In einer Meßreihe bestätigten die Ergebnisse der Messungen die vorher gemachten Annahmen nicht im erhofften Maß.

1 Die klassischen verfahrenstechnischen Schemata (P&I) haben eine mittlere Qualität, sowohl was die Erkennungszeit von unerwünschten Prozeßzuständen als auch die Fehlerrate betrifft.
2 Durch Hinzufügen eines Massendatendisplays ("MDD") [8] werden die Erkennungszeiten verkürzt, ohne daß die Fehlerrate erhöht wird.
3 Durch Hinzufügen von zeitabhängiger Information in Form von Trendkurven wird die Treffsicherheit erhöht, wobei eine gewisse Verlängerung der Erkennungszeit in Kauf genommen wird, da die Interpretation von Kurven mehr Denkaufwand erfordert.
4 Durch Zufügen von MDD und Trendkurven sollte sowohl die Erkennungszeit verkürzt als auch die Treffsicherheit erhöht werden.

Die Ergebnisse wichen insofern von den Erwartungen ab, als durch den MDD zwar die Erkennungszeiten verkürzt, aber auch die Fehlerraten erhöht wurden. Dieser negative Effekt konnte durch das Hinzufügen von Trendkurven wieder kompensiert werden, sogar ohne daß sich die Erkennungszeiten wieder verlängerten.

Um dieses Ergebnis im Sinne der Situationseinschätzung interpretieren zu können, wurde versucht, die verwendeten Displayformen nach ihrem Beitrag zu den einzelnen SA-Ebenen zu klassifizieren. Am besten scheint das durch eine Visualisierung (Bild 2) möglich zu sein, die nach dem Muster eines "magischen Dreiecks" gestaltet ist, dessen "Wirkrichtungen "jeweils einer SA-Ebene zugeordnet sind:

SA1: Erfassung von quantitativer Schlüsselinformation gegenüber rein qualitativer,
SA2: gesamthafte Erfassung der Information gegenüber Verabeitung von Details,
SA3: Interpretation von Trends gegenüber rein statischen Zuständen.

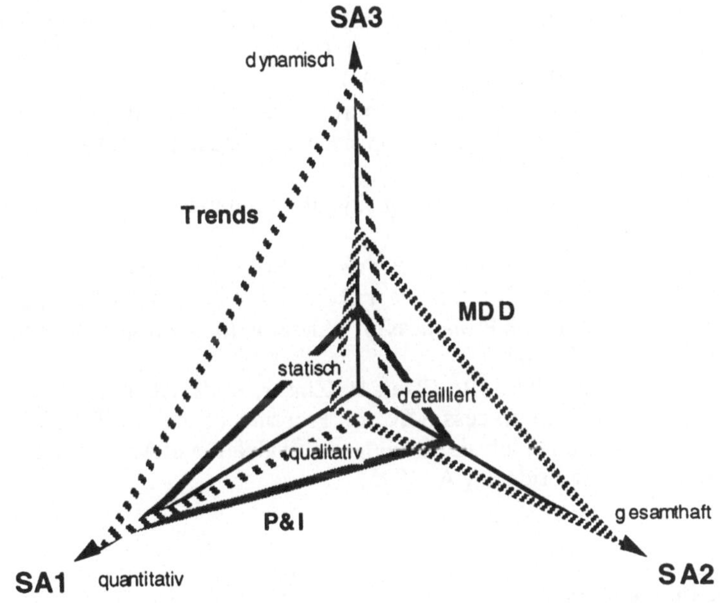

Bild 2: Zuordung von Displaytypen zu SA-Ebenen

Es zeigt sich, daß der MDD zwar den erwarteten gesamthaften Überblick (SA2) liefert, aber durch seine rein qualitative Information "Details zu verwischen" scheint, d.h. die Erkennungsqualität auf SA-Ebene 1 wieder reduziert. Der Beitrag von Trendkurven zur Erkennungsqualität auf SA-Ebene 3 entspricht dagegen voll den Erwartungen.

5 Schlußfolgerung und Ausblick

Der Autor hofft, daß es ihm gelungen ist, mit dieser - aus Platzgründen außerordentlich kurzen - Darstellung einer kleinen Auswahl der vielen zur Zeit entstehenden neuen Einsichten einen Eindruck von der Wichtigkeit einer guten Gestaltung der Mensch-Maschine-Schnittstelle zu geben.

Insbesondere scheinen die Anwendung der Theorie der Situationseinschätzung auch auf industrielle Prozesse und die Ermittlung von Fehlerbehebungsfaktoren einen deutlichen Fortschritt in Richtung praxisgerechter Entwurfsgrundsätze zu versprechen.

Die Überlegungen zu einer Neueinschätzung von Versuchsergebnissen aus dem MeMoVis-Projekt (Abschnitt 4.2) wirken ermutigend dahingehend, daß auch experimentelle Befunde solche Überlegungen bestätigen könnten. Dazu müssen allerdings die gesamten Versuchsergebnisse neu aufbereitet werden. Insbesondere scheint es geboten, die den Versuchspersonen gestellten Aufgaben dahingehend zu bewerten, ob sie mehr planerischen oder mehr operativen Charakter haben (vergl. Tabelle 1).

6 Literaturhinweise

[1] Elzer, P.F., Kluwe, R.H., Boussoffara, B. (Hrsg.): Human Error and System Design and Management; Springer-Verlag, London Berlin Heidelberg (2000)

[2] Dekker, S., Hollnagel, E.: Coping with Computers in the Cockpit; Ashgate Publishing Ltd., Aldershot, England [1999]

[3] Sheridan, T.: HCI in Supervisory Control: Twelve Dilemmas; in [1], S. 1 -12

[4] Gibson, J. J.: The Ecological Approach to Visual Perception; Boston, MA, Houghton Mifflin

[5] Endsley, M. R.: Toward a theory of situation awareness in dynamic systems; Human Factors, 37(1), 32-64

[6] van der Schaaf, T.W., Kanse, L.: Errors and Error Recovery; in [1], S. 27 - 38

[7] Elzer, P., Boussofara, B.: A Project Overview - Influence of Human-Machine-Interfaces on the Error-Proneness of Operator Interaction with Technical Systems; In: [1], S. 57 - 63

[8] Beuthel, C., Boussoffara, B., Elzer, P., Zinser, K. & Tißen, A.: Advantages of mass-data displays in process S&C; in: Preprints of the 6th IFAC/IFIP/IFORS/ IEA Symposium on Analysis, Design and Evaluation of Man-Machine Systems (pp. 439-444) Cambridge, MA (1995)

---

1) Aktenzeichen: I/69886
Arbeitstitel: "MeMoVis" (Mental Models and Visualization)
Laufzeit: Herbst 1995 bis Frühjahr 1999
Projektpartner:

Institut für Prozeß- und Produktionsleittechnik (IPP) der Technischen Universität Clausthal (TUC)	(Projektleitung) Prof. Dr.-Ing. P.F.Elzer
Institut für Kognitionsforschung (IfKog) der Universität der Bundeswehr in Hamburg	Prof. Dr. R.H.Kluwe
Fachbereich für Angewandte Informatik und Mathematik der Fachhochschule Fulda	Prof. Dr.-Ing. T.Grams
Institut für Sicherheitstechnik (ISTec), Garching	Dr.-Ing. P.Stolze

Ein kurzgefaßter Projektüberblick findet sich in [7], eine ausführliche Gesamtdarstellung ist in Arbeit.

Certification of Real-Time Systems. Consequences on Modeling Tool and Modeling Process

Gilles Motet

LESIA / INSA
135, avenue de Rangueil
F-31077 Toulouse cedex 4, France
Gilles.Motet@insa-tlse.fr

Abstract. This paper introduces the needs associated with the certification of real-time systems. Then, it presents the approach used today, mainly based on risk analysis and safety assessment processes which structure the development process and require verification phases. We show that these two viewpoints must be completed by the mastering of the used technology and of the human activity using this technology. The project conducted to handle these issues for UML technology is finally introduced.

1 Needs for Certification

The certification of real-time systems is justified by the need for guaranteeing the absence of hazards, potential sources of harms due to the operation of these systems.

1.1 Effects: Harms

The transfer of responsibilities from humans to electronic systems constitutes a recent and significant evolution occurring in our current life [17]. Systems embedded in cars provide good examples: airbag triggering and control of its opening, ABS, etc. The failure of these systems may provoke *harms*, that is, physical injuries or damages to the health of people, or damages to property or environment. [11]. These dramatic consequences particularly arise due to the real-time characteristics of these systems which interact with a dynamic environment. In particular, the occurrence of a failure cannot be handled suspending the evolution of the environment. For instance, the flight of an aircraft cannot be interrupted to repair the piloting system.

The harms are evaluated by measurements based on quantitative criteria (for instance, the number of victims) or qualitative (for example, the comfort of the aircraft passengers or the difficulty for the crew to conduct its mission). Based on these criteria, discrete metrics are defined. Each value of them is called *seriousness class*. The chosen criteria, measurements and classes quantifying the seriousness depend on the domains. For instance, in avionics [7] five classes characterize the harms: catastrophic, dangerous, major, minor, without effects. The four classes introduced for the medical systems are based on the localization of the system according to the humans (patient or practitioner) and on the fact that the system exchange or not energy with these humans. These two criteria implicitly identify the sources of the potential damages [6].

An harm is also qualified by its *probability of occurrence*. Again, the standards define classes of probabilities qualifying the event, such as : probable, if the probability of the occurrence is greater than 10-5, rare in range [10-7, 10-5], extremely rare in [10-9, 10-7] and extremely improbable ou impossible if less than 10-9.

The *risk* of an harm is the combination of the probability of the occurrence of the harm and its seriousness. If events causing minor harms may appear rarely, dramatic events must be impossible. Thus, a risk acceptability curve is defined [9]. This curve is sometimes a zone named ALARP (As Low As Reasonably Practicable) which considers risks unacceptable in absolute but accepted due to the obtained benefits or the huge cost induced by the reduction of these risks. This notion for instance appears for medical systems [12].

1.2 Circumstances: Hazards

Risk analysis aims at identifying the sources of risk and to estimate the risk [11]. The risk sources are defined by two concepts:

- The *hazard* which is the potential source of a harm. For example, a crushing may be due to a moving robot.
- The *hazardous situation* which defines the circumstance in which people, property or the environment are exposed to hazards. For instance, a person is located the robot work space.

In the previous notions, the harms are potential. The *harm event* expresses the occurrence of an hazardous situation resulting in harm. The term *accident* is used if the event leads to an unacceptable harm; otherwise the term *incident* is considered.

1.3 Consequences: Certification

In order to protect the users of the electronic systems, the other persons, the property or the environment, the *safety* of these systems, that is, the freedom from unacceptable risk, must be guaranteed by independent authorities by means of certification procedures.

Let us note that safety is not dependability even if relationships exist between these two notions. Firstly, safety leads to accept failures if their consequences are minor and / or their occurrence probabilities are rare. The first case is illustrated by an abnormal movement of a robot due to a failed control system, but which operates in an empty room. Secondly, safety is not only concerned by failures as other situations may cause damages. This is illustrated by a robot having a normal behavior but which injures an operator crossing its work area.

To deliver a certificate, the *regulatory authorities* study the *safety cases* produced by the system developer. These documents must provide evidence justifying that the acceptable level of damage cannot be overstepped.

The requirements for safety are particularly important for real-time systems. We had previously mentioned that the dynamics of the environment does not allow the faults at the origin of the failures to be corrected or the effects dynamically induced to be controlled. For example, the blocking of the wheels of a car due to a failing ABS may move the car out of the road causing the death of the passengers. Moreover, the real-time systems are often strongly coupled with physical devices (for instance, chemical process in a plant) or humans (for instance, operators, users); a failure is therefore at the origin of dramatic damages. The previous example also illustrates this aspect.

We sum up in section 2 the current approach of the certification mainly based on the study of the system and particularly of its functional aspects (including its potential failures). We signal the limits of this approach for complex systems and present in section 3 a complementary point of view based on the evaluation of the mastering of the human activity for development and of the technology handled during this development. We introduce in section 4 the current works concerning the UML technology.

2 Present Approach

Certification aims at assuring that the safety of a system guarantees an acceptable risk when it operates, by the analysis of the risk caused by the system and by the mastering of the risk during the system design.

2.1 Risk Analysis

At first, the safety cases must identify the hazards. The system being considered with a functional viewpoint, the hazards mainly describe the failures establishing their possible causes and their effects, in particular their seriousness classes. Studies are added on the harmful human factors, that is, potentially leading to damages: behavior of the users, etc.

These studies are in particular done on the effects caused by failures using techniques such as FMEA (Failure Modes and Effects Analysis). They can be completed showing if the potentiality of the failures is real or not, taking into account pieces of information on the characteristics of the system (existence of redundancy, etc.) or on its environment (for instance, sequences of events leading to a failure which cannot appear). These examinations are done with techniques such as the Fault Tree Analysis. These studies integrate again human factors concerning the behavior of the user of the system. For example, a driver of a train can act to reduce the speed reducing the seriousness of a failure of the speed control system [21]. Methods such as the Human Reliability Analysis are thus used.

Unfortunately these approaches are limited to a system viewpoint. Firstly, implementation complexity makes difficult the handling of realization failures. Secondly, the absence of pertinent models of errors, in particular for software implementation, does not allow low level issues to be considered [9].

2.2 Safety Assessment Process

To master the risks and to provide the evidence of this mastering to the authorities, the possible hazardous situations, including the failures, are considered during the development introducing a *Safety Assessment Process* in parallel to the *System Development Process* [8]. From the analysis of the failure conditions and of their effects done at each step of the development, new safety requirements are introduced which influence the choices of the designer. Therefore, are introduced, for instance, redundant elements to obtain fault tolerant systems or means to produce fail-safe systems for which the propagation of an error leading to a catastrophic failure is diverted in a failure whose seriousness is acceptable.

In a second phase, evaluation techniques are used: evidence of expected properties, functional or structural testing, etc. Moreover, the probability of the occurrence of failures has to be processed.

Unfortunately, for system modeling as well as software implementation, the measurement of the *system integrity*, that is, the probability that the system performs in a satisfying way the critical functions required with certain environmental conditions and for a given period, cannot be obtained. Consequently, the probabilities associated with the induced damages cannot be provided and thus their acceptability levels cannot be determined. To solve this issue, the notion of *System Integrity Level*, or SIL, was introduced. This level measures the confidence which can be attributed on the fact that the integrity of the system functions are conform with the requirements. The acronym SIL is also used for Safety Integrity Level or Software Integrity Level when the software implementation is concerned.

The SIL is measured examining the techniques of assurance used concerning the architectures, the methods, the tools and the techniques.

This association between integrity and SIL is proposed by most of the standards including the generic ones such as the IEC-61508 [10]. However, if certain standards define a correspondence between the classes of risk and the SIL (for example the DO-178B [7]), other standards delegate this choice to the authorities [19].

To obtain a given assurance level, a structuring of the development process and/or a list of tasks to be done as well as a safety assessment process and/or specific verification techniques are sometimes proposed or imposed.

To conclude this part, let us signal the distinction explicitly done in some domains and by authors such as [14] between, on one hand, the safety functional requirements handled by the risk analysis and by the addition of functional elements and, on the other hand, the safety integrity requirements which focus on the systematic or random faults introduced for example during design. Only these faults are concerned by the SIL.

3 Mastering of the Technology and of the Human Process

The development risk mastering is thus mainly handled by a structuring of the development process to prevent fault introduction and by a verification process to detect residual faults or to show the absence of such faults. However, two other components which are essential during the development, are only recently and partially considered: the human who creates the system and the technology that he or she uses.

3.1 Mastering of the Technology

At first, the used technology must be selected after an evaluation, taking the safety requirements into account. This is done in most of the technological domain but not software technology. For instance, to realize the actuators of a robot, the natural compliance of pneumatic artificial muscles offers a better safety than electric motors. Indeed, when the robot collides with a human, the arm of the robot absorbs the shock in the first case and causes injuries in the second one.

The same type of study must be done on the technologies used during the development of software systems. Such works were realized concerning the selection of a programming language. They consider two aspects:

- The choice of the features of the language and rules for their use, reducing the risk of fault introduction, by increasing the readability or the maintainability (cf. for instance [1] for the Ada programming language).
- The choice of the features of the language making easier the use of the verification techniques to assure the absence of faults. Thus, the standard ISO 15942 [13] [22] proposes an evaluation of each feature of the Ada programming language considering as criteria, the easiness of the application of various verification techniques (functional and structural testing, etc.) to dependable Ada programs [15] when this feature is used in the program. Each feature receives one of the three following grades:

1. *Included*, if its use makes easier the application of the verification technique;
2. *Allowed*, if its use makes the application more difficult but it is tractable;
3. *Excluded*, if the verification technique does not allow its application to guarantee that the verification objectives assigned to the technique are reached when this feature is. For example, the statement goto is excluded considering the structural testing technique.

Moreover, guidelines are provided for the *allowed* features for a use increasing the efficiency of the application of the technique.

Thus, each feature is assessed for each technique and so, a subset of the language and a specific programming style is deduced for each SIL.

After the selection of a suitable technology, that is, which is in accordance with the safety requirements, this technology must be correctly used.

3.2 Mastering of the Human Process

The faults existing in the software systems mainly have humans origins. So, the human process used during the development must be better mastered. The structuring of the process and the application of verification techniques at each step must be completed by actions to prevent faults introduction (as they may lead to failures) and more generally by an approach of the development based on the safety requirements (correctness, but also determinism, traceability, etc.).

Nowadays, the structuring of the development process in stages (or phases or steps) is the only one guidelines provided. The activity done by engineers during each stage is based on their experience, and often their intuition. Such an experience must be formalized and analyzed taking the safety requirements into account, in order to deduce development rules or guidelines. These guidelines present several interests:

- reduction of the development costs and duration,
- justification a priori of the design choices, and
- knowledge a priori that these choices are in accordance with the safety requirements.

The two last points are essential for us. In particular they provide the traceability of the functional requirements and facilitate the consideration of the safety requirements.

These guidelines aim at highlighting generic functional requirements associated with a given level of analysis (stage input) and at correlating each of them to the features of the modeling tool which must be used to express the result of the stage. Of course, the used features must be in accordance with the previous selection (cf. section 3.1), and the obtained model must make the application of the verification techniques easier.

Concerning the domain of the real-time systems, our research activities studied the detailed design steps. They led to the proposal of a method composed of guidelines allowing the functional requirements to be analyzed and the modeling features to be deduced (tasks, various synchronization and communication protocoles, temporal features, etc.).

For instance, guidelines concern the highlighting of events associated with the system and then the study of the way these events are taken into account by the system. Other guidelines examine the dependence relationships between the events handled by the system and allow to deduce (and not to have intuition on) the tasks which must (and not may) constitute the designed system. In the same way, other guidelines analyze the data flow between tasks to deduce the communication protocol to be used. Finally, other guidelines explain the deduction of the synchronization protocols and of the management of the shared resources.

This method introduced in [16] is taught at INSA (National Institute of Applied Sciences) of Toulouse, during the lecture on "Development of Real-Time Systems ". This method showed its efficiency concerning the reduction of the development duration and of the number of the introduced faults. This last point is correlated with the first one due to the difficulty of testing and debugging a real-time application on a target. The demonstration of the efficiency of this method to design certified application will have to be done on an industrial application.

4 Current Work

Based on the presented results, a project was started to propose means to design certifiable software systems using UML. Whereas our previously works mainly concerned the detailed design and the programming of real-time software systems, the present research activities now deal with specification and design. As introduced in section 3, the studies concern the mastering of the technology, focusing on UML technology and on the human process used to obtain UML modeling.

The first task of the project aims at analyzing the certification requirements of various domains (avionics, automation, automotive, nuclear, railways, space) and to study the practices used. As the use of UML to develop safe systems is not a domain-specific subject, this first step is important to unify the requirements, the vocabulary, etc. or to highlight the specific aspects of particular domains. In this part, generic standards such as the ISO / IEC61508 [10] are also considered.

The second task studies the means used to assess the system to be in accordance with the certification requirements. Then, the expected characteristics of the models and of the processes to make easier the means application are shown.

These two first tasks are using the existing directives, guides and standards. They are based on the notions presented in sections 1 and 2 of this paper.

4.1 UML Assessment Based on Certification Requirements

Task 3 evaluates the UML features, taking as assessment criteria, the characteristics highlighted by task 2. This task associates one of the three following values with each feature: included (or encouraged), allowed and excluded (cf. section 3.1).

These works are in the continuation of the ones done by Leanna K. Rierson [20] who highlights the Object-Oriented mechanisms which go against the certification requirements. For example:

- Temporal non-determinism exists due to the dynamic allocation of the instantiations of the classes or due to the polymorphism. This problem can be solved by a static pre-allocation for each instances of the classes. The associated features thus have the grade "allowed" as use guidelines may be proposed to handle these issues. Other temporal problems as the interruptions handling (context saving and restoration), etc. will be studied.
- Some Object-Oriented mechanisms are at the origin of ambiguities. The multiple inheritance of one operation through successive inheritances is an example of such a situation.

Moreover, the application of certain techniques poses other problems. In particular, the structural tests of type MC/DC (Modified Condition / Decision Coverage) are making difficult due to the inheritance and the polymorphism. In the same way, dead code may be introduced due to the overload and substitution mechanisms making problematic the evaluation of the tests.

Thus, this task 3 focuses on an intrinsic assessment of the UML technology. For each SIL, a UML profile will be obtained.

4.2 UML Methodology Based on Certification Requirements

Task 4 concerns the use of UML to develop certifiable applications (mastering of the human process). For instance, it provides guidelines to develop UML models to prevent the introduction of faults and to make fault detection easier, to facilitate the certification obtaining. Specific guidelines are associated with the various development steps. Few works exist on this subject. The Aerospace Vehicle System Institute provides interesting guidelines on the use of object-oriented mechanisms such as patterns, taking certification requirements into account [2]. Our proposal will also take into account the results provided on specific validation techniques such as testing [3] [4] [5] or static analysis tools (see, for instance, [18]).

However, few researches are concerned by providing guidelines to master the development. In particular, the mentioned studies concern the application of the analysis tools to system modeling whereas we want to act on the modeling way. The questions handled by our project include: What must be expressed in a given step and what UML features are suitable to express these concepts? How the elements given in the input model must be analyzed and how they can be derived as new UML modeling?

Finally, task 5 examines UML model implementation. After the selection of the features of a programming language and the consideration of guidelines for their use in accordance with the certification requirements (for instance, ISO-15942 [13] for Ada language), the task provides translation rules. For example, a model using a states diagram to describe the behavior of a task must be translated as a program containing an infinite loop and a *case* statement specifying the state changing depending on the current state and the occurring event. This allows traceability of the design model concepts into the program to be easily obtained. This implementation choice takes the certification requirements into account whereas it is not the most efficient if temporal requirements are considered. Thus, the certification of real-time systems poses additional problems as the real-time and certification requirements have to be balanced.

Finally, the implementation of the program as executable code taking into account again the certification requirements have to be considered, using for instance suitable scheduling policy to guarantee the determinism and to provide the predictability. This aspect is not handled by our project even if studies on a certifiable version of real-time Linux are conducted in the LESIA laboratory.

5 Conclusion

In this paper, we presented the first step of our work. It consists in the problem analysis, in the highlighting of the tasks to be done and in the study of the research activities in relation with our subject. The work showed in particular

- the importance of the safety requirements for real-time applications to be certified,
- the importance of the analysis of the used technology (UML in our case) and the assessment of the modeling tool features, and
- the importance of the availability of methodological guidelines to use this technology,

to take a priori the safety requirements into account.

This last aspect is essential. The present studies mainly propose techniques whose use must guarantee that a certain level of requirement is reached. The justification that the use of these techniques allows this level to be reached is obtained a posteriori (for example, by a coverage rate when structural testing is considered). The result is therefore a sanction. On the contrary, we want to propose development guidelines to reach a priori these objectives. Even if our research activities are based on the UML notation, an important part of them is generic and will be adaptable to other modeling languages.

Finally, we must signal that if the certification of embedded real-time systems is a requirement of certain domains, the use of the processes, modeling tools and techniques associated with the certification area, constitutes an attestation of a high quality of the product independently of the domain. It provides to the client a justified confidence not only on the dependability but also on the safety of the system. Moreover, if unfortunately hazardous situations occur leading to damages for the clients, the property or the environment, it shows to the judges or to the authorities that the firm took all the possible means to prevent such situations into account. This last point is important because, as mentioned in the introduction, the more and more important transfer of responsibilities from humans to computing systems, moves a great part of the responsibilities from the users of the systems to the firms developing these systems.

References

1. Austin-Hood C., Johnson K. A., Pettit R. G., Opdahl S. B., "Ada95 quality and style", Lecture Notes in Computer Science n° 1344, Springer, 1997
2. Aerospace Vehicule System Institute, "Guide to the certification of systems with embedded object-oriented software", version 1.8b, 2002
3. Bashir I., Goel A. L., "Testing object-oriented software. Life cycle solutions", Springer, 1999
4. Binder R. V., "Testing object-oriented system: models, patterns and tools", Addison-Wesley, 1999
5. Briand L., Labich Y., "A UML-based approach to system testing", the 4th international conference UML 2001, Lecture Notes in Computer Science n° 2185, Springer, 2001
6. "Directive du Conseil Europeen du 14 juin 1993 concernant les appareils medicaux", Journal Officiel des Communautes Europeennes n° L169, 1993
7. DO-178B / ED-12 Revision B, "Software considerations in airborne systems and equipment certification", Requirements and Technical Concepts for Aviations (RTCA) Inc., 1992
8. EUROCAE ED-79 / ARP-4754, "Certification considerations for highly-integrated or complex aircraft", European Organization for Civil Aviation Equipment, 1996
9. Geffroy J.-C., Motet G., "Design of Dependable Computing Systems", Kluwer Academic Publishers, 2002
10. ISO / IEC 61508, "Functional safety of electrical, electronic, programmable electronic safety-related systems", ISO (International Organization for Standardization), 1998
11. ISO / IEC, Guide 51, "Safety aspects – Guidelines for their inclusion in standards", ISO (International Organization for Standardization), 1999
12. ISO 14971, "Medical devices – Application of risk management to medical devices", ISO (International Organization for Standardization), 2000
13. ISO 15952, "Guidance for the use of the Ada programming language in high integrity systems" ISO (International Organization for Standardization), 1999
14. Lovric T., "Requirements for the certification of safety critical railway systems", in Software Quality (Wieczorek M. and Meyerhoff D. Eds), Springer, 2001
15. Motet G., Marpinard A., Geffroy J.-C., "Design of dependable Ada software", Prentice Hall, 1996

16. Motet G., Fleurquin R., Szmuc T., "Impact of quality systems on real-time software lecture and laboratories", in Real-Time Systems Education, vol. 2, IEEE publisher, 1997
17. Motet G., Geffroy J.-C., "Dependable computing: an overview", Theoretical Computer Sciences, vol. 291, n° 2, Elsevier, 2003
18. Pap Z., Majzik I., Pataricza A., "Checking general safety criteria on UML state charts", in Computer Safety Reliability and Security (Udo Voges editor), Lecture Notes in Computer Science n° 2187, Springer, 2001
19. Papadopoulous Y., McDermid J. A., "The potential for a generic approach to certification of safety critical systems in transportation sector", in Reliability Engineering and Systems Safety, vol. 3, Elesevier, 1998
20. Rierson L.K., "Object-oriented technology in civil aviation projects: certification concerns", Federal Aviation Administration (FAA), Washington D.C., 2000
21. Vebel H., Fitzke A., Warlitz J., "European standards in field of railway signalling and their influence on software testing methods", in Software Quality (Wieczorek M. and Meyerhoff D. Eds), Springer, 2001
22. Wichmann B. A. et al, "Guidance for the use of the Ada programming language in high integrity systems", Ada Letters, vol. 18, n° 4, ACM publisher, 1998

Objektorientierte Modellierung von Echtzeitsystemen für die Automatisierungstechnik mit Überprüfung von Zeitbedingungen im Modell

Thomas Licht[1], Tatiana Djambova[1], Wolfgang Fengler[2]

[1] Institut für Automatisierungs- und Systemtechnik, TU Ilmenau
Thomas.Licht@tu-ilmenau.de
Djambova@systemtechnik.tu-ilmenau.de

[2] Institut für Theoretische und Technische Informatik, TU Ilmenau
Wolfgang.Fengler@tu-ilmenau.de

Postfach 10 05 65, 98684 Ilmenau

Überblick: Automatisierungssysteme bestehen aus einer immer größer werdenden Anzahl von Hard- und besonders auch von Softwarekomponenten. Diese Komplexität legt für die Entwicklung solcher Systeme den Einsatz der Objekttechnologie nahe. Im Gegensatz zur objektorientierten Entwicklung von Informationssystemen spielt in der Automatisierung die *Zeit* eine entscheidende Rolle. Zusätzlich zu den funktionalen Anforderungen muß der eingesetzte Rechner auch Echtzeitanforderungen erfüllen. Wie bei der Modellierung systematisch vorgegangen werden kann und welche Möglichkeiten die Unified Modeling Language (UML) [1] zur Modellierung solcher Systeme bietet, wird im Beitrag gezeigt. Durch die frühzeitige Überprüfung der zeitlichen Bedingungen im Modell können fehlerhafte oder unvollständige Anforderungen aufgedeckt und mit in die Anforderungsdefinition aufgenommen werden. Mit Hilfe von Realzeitautomaten, die aus dem UML-Modell geeignet aufgestellt werden, ist diese Überprüfung zu jedem Zeitpunkt der Modellierung möglich.

1. Einleitung

Die UML ist eine Sprache um objektorientierte Systeme zu spezifizieren, zu konstruieren, zu visualisieren und zu dokumentieren [2]. Sie stellt nur die Notation für ein mögliches Vorgehensmodell zur objektorientierten Systementwicklung bereit.

Zum Entwurf von Echtzeitsystemen für die Automatisierungstechnik die UML einzusetzen, wird durch mehrere Gründe motiviert. Einerseits ist festzustellen, daß die Zahl der Beschreibungsmittel, die derzeit in der Automatisierungsdomäne eingesetzt werden, eher divergiert als konvergiert [3]. Dies stellt keine wünschenswerte Entwicklung dar und könnte durch den Einsatz der UML verbessert werden. Andererseits gewinnt die UML in den unterschiedlichsten Bereichen immer mehr an Bedeutung und wird längst nicht mehr nur zum Softwareentwurf eingesetzt. Besonders im Bereich der Echtzeitsysteme werden Anstrengungen unternommen, die UML zu etablieren [4,5,6]. Damit „sprechen" die Fachleute verschiedenster

Disziplinen eine Sprache. Dies bedeutet wesentliche Vorteile in der Phase des Requirement Engineering, in der die UML als Spezifikationssprache eingesetzt werden kann.

Ziel kann es jedoch nicht sein, vorhandene, etablierte Beschreibungsmittel der Automatisierungstechnik zu ersetzen. Diese sollten durch den Einsatz der UML ergänzt werden.

2. Methodisches Vorgehen beim objektorientierten Entwurf von Automatisierungssystemen

Im Vergleich zu traditionellen Methoden, bei denen eine vollständige Problemspezifikation über Lasten- und Pflichtenheft erfolgt, unterstützt UML die Anforderungsermittlung durch Use-Cases bzw. Use-Case-Diagramme auf hohem Abstraktionsniveau.

Use-Case-Diagramme werden verwendet, um die Systemanforderungen zunächst zu spezifizieren und später zu analysieren. Jedes dieser Diagramme zeigt eine Menge von Use-Cases und Akteuren sowie die Beziehungen zwischen ihnen. Jeder Anwendungsfall stellt einen typischen Ablauf im System dar. Gemeinsam sollen die Anwendungsfälle vollständig die funktionalen Anforderungen an das System beschreiben. Durch die Use-Cases wird festgelegt, was das zu entwickelnde System leisten soll. Das Auffinden von Objekten, die in einem Use-Case-Diagramm als Akteure dargestellt werden, ist eine sehr wichtige Tätigkeit in dieser Anfangsphase der Modellierung.

Nach den meisten objektorientierten Methoden erfolgt die Identifizierung der Akteure (Klassenkandidaten) intuitiv, ohne Verfolgung einer systematischen Methodologie. Es wird empfohlen, die in den Systemanforderungen vorkommende Substantive als Klassenkandidaten, die Adjektiven als Attribute und die Verben als Operationen dieser Klassen zu verwenden.

In der Automatisierungstechnik ist es empfehlenswert, als Ausgangspunkt dazu die Komponenten der zu automatisierenden Anlage zu benutzen [7]. Dies kommt der Forderung nach Persistenz nach und vereinfacht das Benennen der Akteure.

Kontextbildung durch Sichten

Ein automatisierungstechnisches System kann unter Berücksichtigung von Anlagen-, Prozeß- und Leittechniksicht [8] modelliert werden. Dabei wird zwischen statischen und dynamischen Modellen unterschieden. Alle benötigten Kombinationen aus Sichten und Modellen können durch UML-Diagramme veranschaulicht werden.

Die *Anlagensicht* beschreibt die statische Struktur einer Anlage in Form von Klassendiagrammen. Dadurch entsteht ein Modell des Problembereichs. Dieses stellt einen Realitätsausschnitt dar, in den das zu entwickelnde Leitsystem eingebettet werden muß. Die Struktur der zu automatisierenden Anlage prägt die Struktur des Leitsystems.

Bezogen auf eine verfahrenstechnische Anlage beschreibt die *Prozeßsicht* die geforderten Abläufe (z.B. Mischen, Kondensieren, Trennen), die als Use-Cases modelliert werden können. Diese entsprechen den Teilprozessen, in die der technische Prozeß zerlegt werden kann.

Die *Leittechniksicht* zeigt das Leitsystem, dessen Verhalten (z.B. Prozeßführung, Prozeßsicherung, Bedienungs- und Beobachtungsaufgaben usw.) mittels Use-Cases ausgedrückt wird. Zum Zeitpunkt der Problemspezifikation wird das Leitsystem als eine „Black Box" angesehen. Die Kommunikation mit den Anlagenteilen (z.B. Aktoren, Sensoren) erfolgt über die verhaltensbeschreibenden Use-Cases.

Mit Hilfe der genannten 3 Sichten auf ein Automatisierungssystem kann ein erstes Use-Case-Diagramm des Gesamtsystems erstellt werden, welches einerseits zur Kontextabgrenzung dient und andererseits die Grundlage für die weitere **Modellierung bildet.**

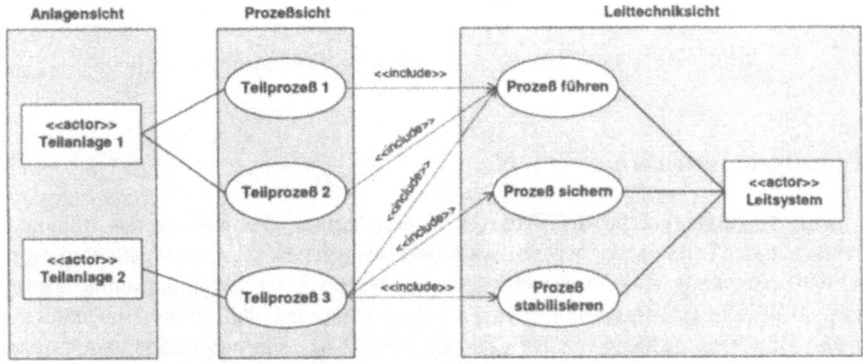

Bild 1 Kontextdiagramm mit 3 Sichten auf die Gesamtanlage

Ausgehend von diesem ersten Diagramm können nun die einzelnen Sichten durch weitere UML-Diagramme verfeinert werden. Dabei bietet es sich an, bei der Modellierung von links nach rechts vorzugehen.

Anlagensicht verfeinern

Die Anlagensicht beschreibt ausschließlich die statische Struktur der Anlage. Im ersten Schritt ist dies eine Aufzählung aller Anlagenteile. Vorhandene Aggregationsbeziehungen werden mit notiert. Dabei zeigt das Klassendiagramm der Anlagensicht nur Aggregationen der Form *Anlage -> Teilanlagen* und *Teilanlage -> Anlagenteile*. Bei der Modellierung kann man von der Anlage ausgehen, Anlagenteile benennen und zu Teilanlagen zusammenfassen, falls diese in der Aufgabenstellung bisher nicht genannt worden sind.

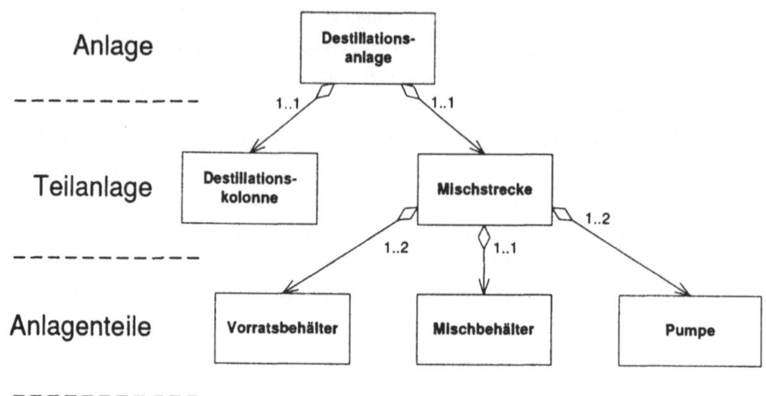

Bild 2 Ausschnitt aus der Anlagensicht einer Destillationsanlage [9]

Prozeßsicht verfeinern

Die Anwendungsfälle der Prozeßsicht beschreiben die geforderten Abläufe der Anlage oder Teilanlagen, welche im Kontextdiagramm allgemein gehalten werden sollten. Nun kann eine Verfeinerung durch weitere Use-Case-Diagramme erfolgen. Die Anwendungsfälle sollten soweit verfeinert werden, daß jeder Anwendungsfall durch ein Zustandsdiagramm oder ein Aktivitätsdiagramm beschrieben werden kann. Bei verfahrenstechnischen Aufgaben sind Aktivitätsdiagramme gut geeignet, in welchen eine geforderte Rezeptur durch einzelne Aktivitäten beschrieben werden kann. Bei fertigungstechnischen Aufgabenstellungen eignen sich zur Prozeßbeschreibung Zustandsdiagramme, die die Zustände des Produktes oder die Bearbeitungsschritte genauer zeigen.

Das Verhalten von Anlagenteilen oder Funktionselementen gehört nicht zur Prozeßsicht. Sollten solche Teile ein zu berücksichtigendes Verhalten aufweisen, werden sie erst später modelliert.

Anwendungsfälle der Leittechniksicht verfeinern

Die Anwendungsfälle der Leittechniksicht beschreiben das gesteuerte Verhalten der Anlage und damit die Steuerungsaufgaben der Leittechnik. Zur Verfeinerung der im Kontextdiagramm genannten Aufgaben werden Aktivitätsdiagramme und wenn nötig, weitere Use-Case-Diagramme verwendet. Die genaue Beschreibung einer Aktivität erfolgt durch ein Sequenzdiagramm. An jeder Sequenz beteiligt und als aktives Objekt gekennzeichnet ist das Leitsystem (LS). Im Bild 3 wird die Aktivität *Wasser dosieren* des Anwendungsfalls *Gemisch herstellen* durch ein entsprechendes Sequenzdiagramm genauer beschrieben. Alle in einem solchen Sequenzdiagramm vorkommenden Objekte werden nun auf ihr zeitliches Verhalten hin untersucht. Hat ein Objekt, wie im Beispiel das Ventil, ein nicht zu vernachlässigendes zeitliches Verhalten, wird es mit Hilfe eines Zustandsdiagramms beschrieben.

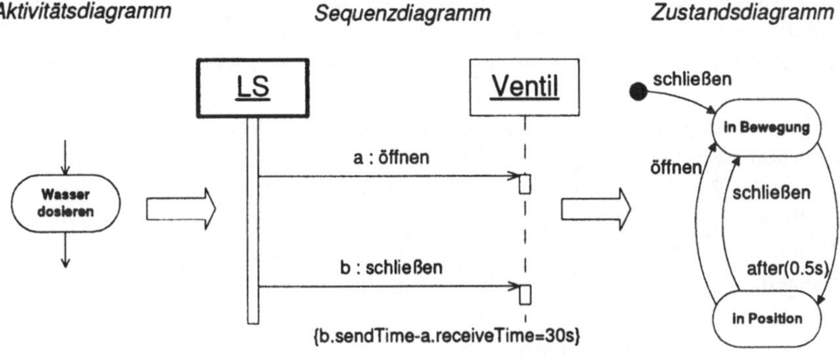

Bild 3 Verfeinerungsschritte Leittechniksicht

Durch die Verwendung der 3 Sichten auf ein Automatisierungssystem und das beschriebene Vorgehen ist ein objektorientiertes Modell des Systems entstanden. Zeitbedingungen können im Sequenz- und Zustandsdiagrammen genau spezifiziert werden.

3. Überprüfung spezifizierter Zeitbedingungen

Während der Modellierung eines komplexen Systems entstehen eine Reihe von Diagrammen, die immer detaillierter das System beschreiben. Beim Entwurf von Echtzeitsystemen sind Zeitbedingungen besonders zu beachten. Ziel ist es deshalb, schon im Modell eine Überprüfung der spezifizierten Zeitanforderungen durchzuführen, um ein konsistentes und widerspruchsfreies Modell zu erhalten. Da Sequenzdiagramme am deutlichsten das zeitliche Verhalten darstellen, existieren in der Literatur schon Ansätze zur Überprüfung solcher zeitlich eingeschränkter Sequenzdiagramme.

In [10] werden zum Systementwurf Message Seguence Charts (MSC) verwendet. Diese ähneln sehr stark dem Sequenzdiagramm der UML. Zur zeitlichen Überprüfung werden die zeitlichen Informationen aus den MSC in ein zeitbehaftetes Intervall-Petri-Netz (IPN) überführt. Dieses IPN kann dann auf verschiedene Eigenschaften hin untersucht werden. Die Konstruktion eines IPN stellt jedoch eine zeitaufwendige Aufgabe dar. Es wird nicht darauf eingegangen, wie die zeitlichen Informationen aus mehreren MSC in einem IPN vereint werden können.

In [11] wird eine Echtzeitvariante der UML, UML-RT [5], zusammen mit der formalen Methode CSP-OZ verwendet. CSP-OZ kombiniert die Prozeßalgebra CSP (Communicating Sequential Processes) mit der Spezifikationssprache Object-Z. Damit wird das gesamte UML-RT-Modell formalisiert und überprüfbar gemacht. Auf die Beschreibung und Überprüfung von Zeitbedingungen wird nicht eingegangen.

In [12] werden zeitbeschränkte Sequenzdiagramme direkt formalisiert und ein Algorithmus zur Überprüfung der zeitlichen Konsistenz vorgestellt. Weiterhin wird gezeigt, wie verschiedene, einfache Sequenzdiagramme für die Überprüfung kombiniert werden können. Wie zeitliche Informationen aus anderen UML-Diagrammen mit in die Überprüfung aufgenommen werden können, wird nicht beschrieben.

In [13] werden zur Überprüfung von zeitbeschränkten Sequenzdiagrammen Realzeitautomaten [14] eingesetzt. Es wird außerdem auf die Überprüfung von Programmschleifen eingegangen. Zur Überprüfung wird für jede Zeitbedingung ein eigener Beobachter entworfen, welcher überprüft, ob die maximale Ausführungszeit eingehalten wird. Auf die Überprüfung minimaler Ausführungszeiten wird nicht eingegangen.

Realzeitautomaten werden häufig bei der Modellierung von Echtzeitsystemen eingesetzt. Realzeitautomaten sind unendliche Zustandsübergangssysteme mit einem quantitativen Zeitmodell. Sie lassen sich durch einen endlichen Graphen darstellen, dessen Semantik leicht verständlich ist. Außerdem lassen sie sich gut implementieren und simulieren. Mit dem Tool UPPALL [15] existiert ein leistungsfähiges Programm zur Simulation und Analyse.

Das Verhalten eines Realzeitautomaten soll kurz an einem Beispiel erläutert werden. Der Realzeitautomat in Bild 4 startet in der Initialstelle `start` (durch doppelten Kreis gekennzeichnet).

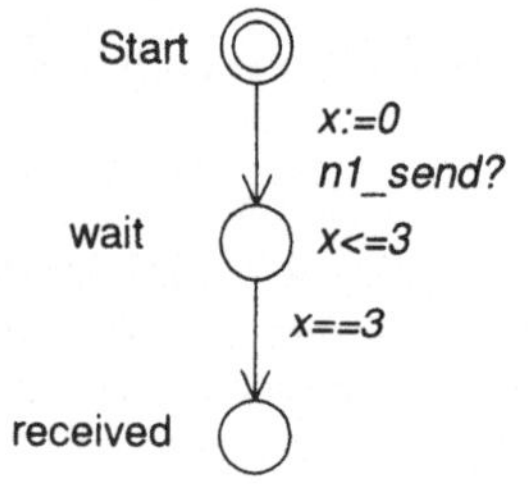

Bild 4 grafische Darstellung eines Realzeitautomaten

In dieser Stelle darf er beliebig lange verweilen. Sein Zustand ändert sich nur insoweit, daß die Zeit weiterschreitet und damit die Zeitvariable `x` ihren Wert ändert. Mit dem Eintreffen des Ereignisses `n1_send` tritt der Automat in die Stelle `send` ein. Bei einem einzelnen Realzeitautomat ist ein Ereignis ein Bezeichner für einen Übergang und hat keine weitere semantische Bedeutung. Bei parallelen Realzeitautomaten, wie sie später für die Überprüfung der Zeitbedingungen benutzt werden, erfolgt die Synchronisation der einzelnen Automaten über diese Synchronisationsereignisse bzw. deren Bezeichner.

Beim Übergang wird die Zeitvariable `x=0` gesetzt. Der Übergang selbst benötigt keine Zeit.

Die Zeitinvariante `x<=3` an der Stelle `wait` erzwingt, daß der Automat die Stelle nach spätestens 3 Zeiteinheiten verlassen haben muß. In Kombination mit der Aktivierungsbedingung `x==3` an der Kante zwischen den Stellen `wait` und `received` wird bewirkt, daß der Übergang nur dann durchgeführt wird, wenn die Zeitvariable x den Wert 3 besitzt.

Erstes Ziel der Ausstellung der Realzeitautomaten ist es, die in einem Sequenzdiagramm spezifizierten Zeitbedingung auf Konsistenz zu überprüfen. Es dürfen durch mehrere zeitliche Einschränkungen keine Widersprüche entstehen. Für die Überprüfung ist es nicht notwendig, daß jede Interaktion zeitlich beschrieben wird.

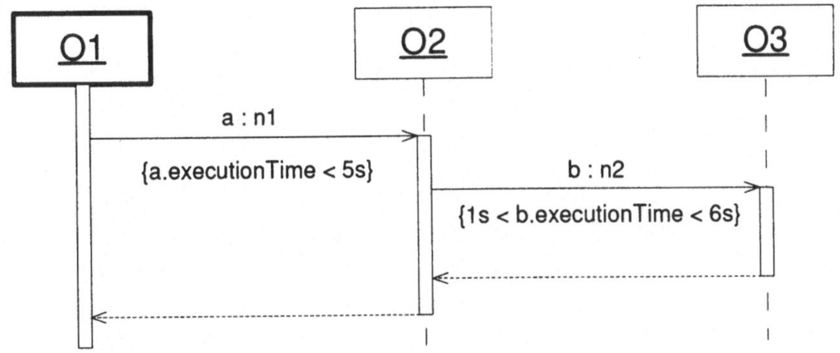

Bild 5 Sequenzdiagramm mit Zeiteinschränkungen

Bild 5 zeigt ein einfaches Sequenzdiagramm, das verschiedene Zeiteinschränkungen besitzt. Die Nachricht `n1` ist nur in ihrer maximalen Ausführungszeit beschränkt, während die Ausführung von `n2` im Intervall (1s < t < 6s) beendet werden muß. Damit ergibt sich ein Widerspruch, der im folgenden durch das Aufstellen von Realzeitautomaten und deren Überprüfung aufgedeckt werden soll.

Dazu wird für jedes Objekt ein Realzeitautomat erstellt (Bild 6). Es entstehen mehrere, parallele Realzeitautomaten, die unabhängig voneinander ausgeführt werden können. Die notwendige Synchronisation erfolgt über Synchronisationskanäle. Diese sind gerichtet und synchronisieren genau zwei Komponenten. Senden und Empfangen findet gleichzeitig statt und es wird dafür keine Zeit benötigt.

Mit dem Senden einer Nachricht an ein anderes Objekt startet die lokale Zeit des sendenden Realzeitautomaten. Die `send_s` Stelle (sende Start) ist stets committed. Eine solche, als committed gekennzeichnete Stelle, wird sofort verlassen, ohne das die Zeit fortschreitet. Damit geht der Realzeitautomat nach den Senden der Nachricht sofort in die `wait` Stelle über. An der `wait` Stelle können nun vorhandene Zeiteinschränkungen notiert werden. Durch Kombination von Zeitinvariante und Aktivierungsbedingung wird erreicht, daß der Übergang nur zum Zeitpunkt `x1=5` stattfinden kann. Damit verharrt der Realzeitautomat, der das Verhalten des Objekts O1 repräsentiert, bis zum Ablauf der im Sequenzdiagramm spezifizierten maximalen Ausführungszeit (a.executionTime < 5) in der Stelle `wait`. Um die für das Objekt O2 beschriebene minimale Ausführungszeit auch modellieren zu können, wird die Stelle `wait` durch die beiden Stellen `wait_min` und `wait_max` ersetzt. Die Festlegung der minimalen Ausführungszeit erfolgt analog zur maximalen. Um auch dem Objekt O2 die Möglichkeit zu geben, eine Nachricht zu senden, wird zusätzlich zwischen die Stellen `received_s` und `wait_min` die Stelle `send_s` eingefügt. Damit der Realzeitautomat in diesen Stellen nicht verweilen kann, werden diese als committed definiert. Das Einfügen dieser Stellen geschieht nur aus Gründen der Übersichtlichkeit und hat für die Funktion keine weitere Bedeutung.

Das Aufstellen eines dritten Realzeitautomaten ist nicht notwendig, da dieser keine weiteren Zeiteinschränkungen enthalten würde.

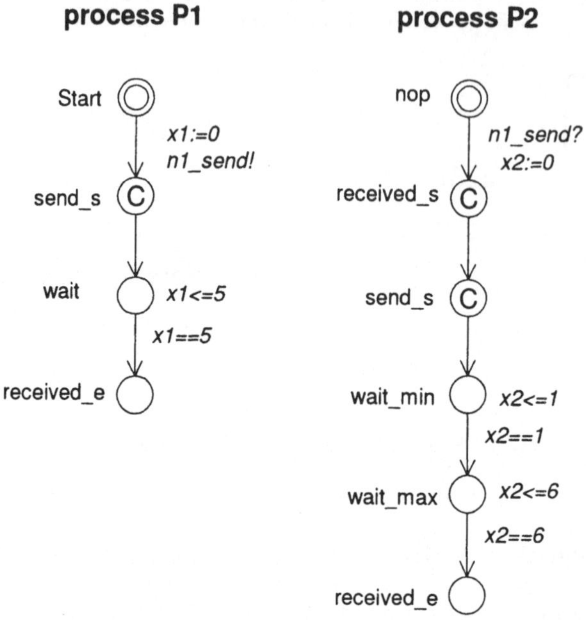

Bild 6 Realzeitmodell, das alle zeitlichen Informationen aus Bild 5 enthält

Anhand dieses Realzeitmodells können nun die Zeitbedingungen aus dem Sequenzdiagramm aus Bild 5 überprüft werden. Es werden zwei Eigenschaften untersucht:

1. Sind innerhalb eines Realzeitautomaten minimale Ausführungszeiten stets kleiner als maximale ?
2. Sind maximale Ausführungszeiten des aufrufenden Objekts stets größer als die des aufgerufenen ?

Die Überprüfung erfolgt mit Hilfe des Tools UPPAAL. Für die Überprüfung des 1.Punktes kann folgende Frage (querie) aufgestellt werden:

- $\exists\Diamond$ *P2.max_wait* ?

Ist die minimale Ausführungszeit größer als die maximale, so ist *P2.wait_max* nicht erreichbar. Für die Überprüfung des 2. Punktes werden folgende Fragen verwendet:

- $\exists\Diamond$ *P1.wait* $\wedge$ *P2.max_wait* ?
- $\exists\Diamond$ *P1.wait* $\wedge$ *P2.received_e* ?
- $\exists\Diamond$ *P1.received_e* $\wedge$ *P2.received_e* ?

Ist eine dieser Bedingungen nicht erfüllt, so liegt ein Fehler in der Spezifikation der Zeitbedingungen vor.

Der Ablauf des Realzeitautomaten P2 kann für eine Verallgemeinerung eines Objektverhaltens beim Verarbeiten einer empfangenen Nachricht verwendet werden. Da in UML-Sequenzdiagrammen auch Zeiten zwischen Empfang einer Nachricht und Senden einer Nachricht an ein weiteres Objekt beschrieben werden können, muß in diesem Fall nur der Übergang von der Stelle `received_s` zur Stelle `send_s` verändert werden. Die Stelle `received_s` ist dann nicht mehr commited, sondern der Übergang wird wiederum durch die Kombination von Zeitinvariante und Aktivierungsbedingung festgelegt. Dabei ist zu beachten, daß diese Zeitabschnitte innerhalb eines Objekts hintereinander liegen und sich parallel zu eventuell vorhandener Einschränkung des aufrufenden Objekts befinden. Es müssen minimale und maximale Ausführungszeiten um die Sendeverzögerung erhöht werden.

In einem Sequenzdiagramm werden meist mehrere Nachrichtenkaskaden beschrieben, deshalb muß das Realzeitmodell entsprechend erweitert werden. Da bei den formulierten Fragen (queries) stets nur nach der Erreichbarkeit gefragt wird, können nach Beenden einer Nachrichtenkaskade die lokalen Zeiten initialisiert werden. Weiterhin müssen alle zusätzlichen Stellenbezeichner um eine Nummerierung erweitert werden und weitere Fragen der Erreichbarkeit formuliert werden.

4. Zusammenfassung und Ausblick

Es wurde gezeigt, wie mit Hilfe eines geeigneten Kontextdiagramms die Modellbildung eines Echtzeitsystems für die Automatisierungstechnik strukturiert werden kann. Daran schließt sich die Verfeinerung der abgegrenzten, einzelnen Sichten an. Von besonderer Bedeutung ist die Beschreibung des dynamischen Verhaltens mit entsprechenden Zeitbedingungen. Um diese Zeitbedingungen im Modell konsistent zu halten, wurde vorgeschlagen, die in Sequenzdiagrammen enthaltenen zeitlichen Informationen in ein korrespondierendes Realzeitmodell zu überführen und dieses anschließend auf bestimmte Eigenschaften zu überprüfen. Dabei ist das Realzeitmodell einfach zu erstellen, hat eine geringe Größe und die Überprüfung kann Hinweise bezüglich der Fehlerstellen im Modell liefern.

Wie die zeitlichen Informationen, die in einem Zustandsdiagramm enthalten sind, in ein Realzeitmodell überführt werden können, wird in [16] gezeigt. Werden diese Informationen in das Realzeitmodell, das aus Sequenzdiagrammen entstanden ist, integriert, ist eine Überprüfung der Zeitbedingungen des gesamten Modells möglich.

Literatur

[1] Unified Modeling Language Notation Guide, Version 1.4. Rational Software Corporation, http://www.rational.com, 2002

[2] Booch, G., Rumbaugh, J., Jacobson, I.: Das UML-Benutzerhandbuch, Addison-Wesley, 1999

[3] Chouikha, M., Janhsen, A., Schnieder, E.: Klassifikation und Bewertung von Beschreibungsmitteln für die Automatisierungstechnik. Automatisierungstechnische Praxis - **at** , 12 / 1998, S. 582-591

[4] Douglass,P. P.: Real-Time UML: Developing efficient objects for embedded systems. Addison-Wesley, 1998.

[5] Selic, B.; Rumbaugh, J.: Using UML for Complex Real-Time Systems, A white paper, http://www.objectime.com/otl/technical/umlrt.html, 1998

[6] Response to the OMG RFP for Schedulability, Performance, and Time. http://cgi.omg.org/cgi-bin/doc?ad/00-08-04, August 2000

[7] Kieß, J.U.: Objektorientierte Modellierung von Automatisierungssystemen, Springer 1995

[8] Polke, M.: Prozeßleittechnik, Oldenbourg 1994

[9] Destillationsanlage des Instituts für Automatisierungs- und Systemtechnik, TU-Ilmenau, http://www.as-plt-labor.tu-ilmenau.de, August 2002

[10] Duridanova, V., Däne, B., Nützel, J., Fengler, W.: High-Level-Entwurfsmethodik für eingebettete mechatronische Echtzeitsysteme. In: 45. Internationales Wissenschaftliches Kolloquium. S. 667-672, Ilmenau, 2000.

[11] Fischer, C., Olderog E.-R., Wehrheim H.: A CSP View on UML-RT structure diagrams. In: Husmann, H. (Hrsg.): Fundamental Approaches to Software Engineering (FASE '01), 4th International Conference, Held as Part of the Joint European Conferences on Theory and Practice of Software (ETAPS), Genova, Italy, 2-6. April 2001, S. 91-108, LNCS 2029, Springer Verlag 2001.

[12] Li, X.; Lilius, J.: Timing Analysis of UML Sequence Diagrams. In: France, R. (Eds.): The Second International Conference on The Unified Modeling Language, Beyond the Standard (UML'99), S.661-674, LNCS 1723, Springer Verlag, 1999.

[13] Firley, Th., Huhn, M., Diethers, K., Gehrke, Th., Goltz, U.: Timed Sequence Diagrams and Tool-Based Analysis - A Case Study. In: France, R .(Eds.): The Second International Conference on The Unified Modeling Language, Beyond the Standard (UML'99). S. 645-660, LNCS 1723, Springer Verlag, 1999.

[14] Alur, R.: Timed Automata, 11th International Conference on Computer-Aided Verification. S. 8-22, Springer Verlag 1999

[15] UPPALL, http://www.docs.uu.se/docs/rtmv/uppaal/, August 2002

[16] Stöckigt, W.: Systementwurf von Echtzeitsystemen in der Automatisierung mit UML und Echtzeitautomaten, Studienjahresarbeit, TU-Ilmenau, 2002

Entwurfsmuster für Echtzeitsysteme

Prof. Dr. Reinhard Baran

Hochschule für angewandte Wissenschaften Hamburg
Fachbereich Elektrotechnik und Informatik
Berliner Tor 3
20099 Hamburg
baran@cpt.fh-hambuerg.de

Einleitung

Success is more important than novelty [GACM]. Getreu diesem Leitspruch wird in diesem Beitrag kein Anspruch erhoben etwas wirklich neues zu entwickeln, sondern eher versucht bekannte Konzepte so aufzuarbeiten, dass sie einer möglichst großen Zahl von Entwicklern möglichst einfach zur Verfügung stehen.

Motivation

In der Softwareentwicklung gibt es seit jeher ein Bestreben ein einmal gefundenes Verfahren für die Lösung ähnlich gearteter Probleme zur Verfügung zu stellen. Die Art und Weise wie ein Lösungsverfahren für eine Wiederverwendung aufgearbeitet wird, hat sich indes in letzter Zeit deutlich verändert. Stand noch bis Mitte der 90er Jahre die Wiederverwendung von Befehlssequenzen (Hochsprachen, Compiler, Makro- und Unterprogrammtechniken, Vererbung in den OO- Methoden) im Vordergrund wird jetzt eher das Wiederverwerten von vollständigen Entwürfen betont.
Die Trennung von Problem- und Systemteil in PEARL war ein Ansatz, der es ermöglichte einen Rahmen für eine komplette Problemlösung zu schaffen (Problemteil), in dem durch projektspezifische Anpassungen im Systemteil die Lösung selbst realisiert wurde. Solche Techniken haben sich unter dem Begriff „Frameworks“ in den letzten Jahren weit verbreitet.
Parallel dazu haben sich verschiedene Forschungsgruppen die Arbeit gemacht, Lösungen zu partiellen Problemen zu sammeln, die in verschieden Anwendungsgebieten immer wieder auftauchen. Diese Sammlungen sind unter dem Begriff Entwurfsmuster bekannt. Es gibt mittlerweile Entwurfsmusterkataloge für verschiedene Gebiete. Eine solche Sammlung für Echtzeitsysteme gibt es noch nicht (beziehungsweise nur in vereinzelten Kapiteln in Büchern über die Modellierung von Echtzeitsystemen). Hier soll aufgezeigt werden, wie so ein Katalog aufgebaut sein könnte und angeregt werden beim Erstellen dieses Katalogs mitzuarbeiten.

Abgrenzung der Wiederverwertungsverfahren

Klassenbibliotheken oder Toolkits

Bei der Konstruktion einer Anwendung werden fertige Klassenbibliotheken oft benutzt. Beispiele dafür sind GUI Bibliotheken, Datenstrukturen und Algorithmen oder Internetdienste. Die Betonung liegt hier auf der Wiederverwertung von Code. Toolkits sind nützlich, wenn sie in unterschiedlichen Anwendungen eingesetzt werden können. Dadurch entstehen Einschränkungen in der Effektivität. Diese Toolkits implementieren nur die Fähigkeiten von Objekten. Wenn die Dynamik eines Systems in der Problemstellung im Vordergrund steht, können Toolkits nicht weiterhelfen.

Frameworks

Ein Framework ist eine Gruppe von Klassen, die zusammen einen wiederverwendbaren Entwurf für ein spezifisches Anwendungsgebiet bilden. Es bestimmt die übergreifende Architektur der Anwendung und legt fest, wie die Klassen und Objekte zusammenarbeiten, also auch die Kontrollstruktur und somit die Dynamik des Systems. Hier liegt die Betonung auf der Wiederverwendung eines Entwurfs. Einzelne Teile des Frameworks können fertig codiert sein, sodass es mit einigen Anpassungsarbeiten sofort eingesetzt werden kann. Beispiele hierfür sind graphische Editoren, Compiler und Simulationen in einem bestimmten Gebiet. Ein Framework wird nie für ein anderes als das ursprüngliche Anwendungsgebiet benutzt. Es macht keinen Sinn ein Framework für einen Compiler für einen graphischen Editor zu benutzen. Wohl macht es Sinn ein Framework für die Steuerung einer Druckmaschine zu schaffen und dieses Framework für den Entwurf der Steuerungssoftware für eine Druckmaschine mit einer anderen Hardwareausprägung zu benutzen. Genau dieser Ansatz wird von PEARL durch die Trennung von Problem- und Systemteil benutzt.

Entwurfsmuster

Bei Entwurfsmustern handelt es sich um einen Lösungsansatz für ein Teilproblem, das in ähnlichen Varianten in den verschiedensten Anwendungen auftaucht. Dieser Ansatz muss an den Kontext des Anwendungsgebietes angepasst werden.

Beispiel für den Entwurf eines Messgerätes mit Mustern und Frameworks

Bei der Konzeption des Messgerätes würde zunächst exemplarisch ein Entwurf erstellt. Bei diesem Entwurf würden an verschiedenen Stellen Muster benutzt, um bekannte Lösungen wiederverwenden zu können. So könnte das Musters „abstrakte

Fabrik“ eingesetzt werden um die Bedienoberfläche für verschiedene Plattformen bereitzustellen. Das Muster „Beobachter“ würde dazu dienen die Schnittstellen zu übergeordneten Systemen flexibel zu halten.

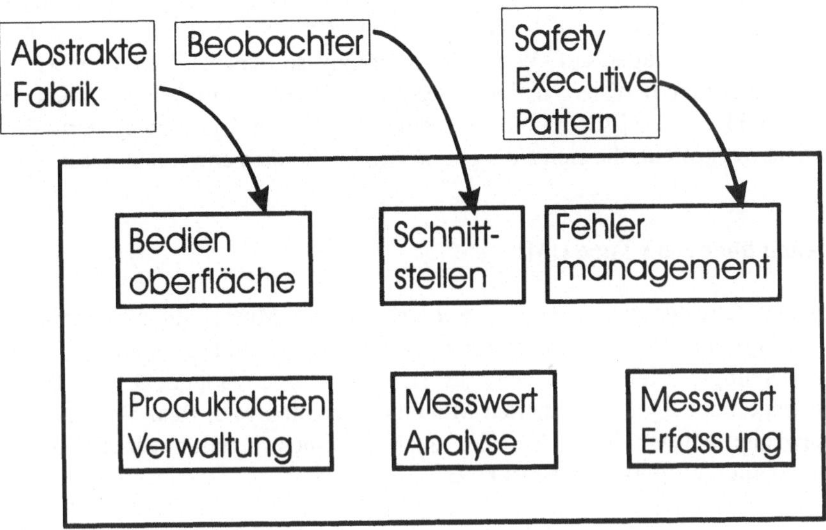

Abb. 1 Entwurf eines Messgerät mit Frameworks und Mustern

Dieser gesamte Entwurf wäre dann ein Framework für Messgeräte, der durch Anpassungen an definierten Stellen benutzt werden kann, um verschieden Exemplare dieses Messgeräts zu entwickeln.

Gängige Musterkataloge

Elemente wiederverwendbarer objektorientierter Software

Die ersten Entwurfsmuster wurden von Objekt orientierten Softwareentwicklern erstellt und sollten zeigen, wie ein gutes Objekt orientiertes Programm entworfen wird. [GoF]. Es werden Lösungen für ganz allgemeine Entwurfsprobleme vorgeschlagen:
Wie halte ich einen Entwurf flexibel? Wie finde ich die richtige Objektgranularität? Wie definiere und verwalte ich Schnittstellen? Diese Arbeiten sind sehr wichtig für Entwickler größerer Projekte, die noch nicht viel Erfahrung mit Objektorientierung haben. Einige Muster sind auch hilfreich um typische Probleme aus dem Echtzeitbereich zu lösen (Proxy als Zugriffssicherung für gemeinsam genutzte Ressourcen, State Pattern zur objektorientierten Implementation von Automaten, ...).

Muster für nebenläufige und vernetzte Objekte

Erste Objekt orientierte Entwurfsmethoden [OMT] berücksichtigten nicht, dass es für viele saubere Problemlösungen zwingend erforderlich ist, Nebenläufigkeit korrekt zu verwalten. Speziell im objektorientierten Entwurf von Anwendungen und Middleware Software in nebenläufigen und verteilten Systemen tauchen immer wieder ähnliche Fragen auf: Wie müssen Ereignisse behandelt werden, wie werden Nebenläufigkeiten realisiert, und wie werden die Objekte initialisiert? In den Arbeiten von Schmidt u. a. [POSA] werden eine Reihe von Entwurfsmustern für diese Probleme vorgestellt, die sich auch gut im Echtzeitbereich anwenden lassen.

Arbeiten über Real Time UML

In den Arbeiten von Douglass werden einzelne Muster für sicherheitsrelevante Softwaresysteme und Echtzeitsysteme vorgestellt, allerdings nicht in Form eines Musterkatalogs. Vielmehr handelt es sich um ein umfangreiches Werk, das die Grundzüge der Objekt orientierten Modellierung mit UML, Real Time Aspekte und ausgewählte Muster behandelt, die auch in einen Katalog für Echtzeitsysteme aufgenommen werden könnten.[RTUD]

Systeme mit begrenztem Speicher

Die rapide fallenden Speicherpreise haben in letzter Zeit dazu geführt, dass Softwarequalität mehr und mehr auf Kosten der Speichereffizienz erzielt wird. Der wachsende Markt für PDAs und andere mobile Geräte verlangt neuerdings aber wieder nach speichereffizienter Software. In den Arbeiten von James Noble u. a. [PSLM] werden Entwurfsmuster vorgestellt, die helfen diese Probleme zu lösen. Muster für die Verwaltung von kleinen Datenstrukturen (Copy-On-Write, Embedded Pointers) werden hier genauso vorgestellt, wie Muster für die effiziente Allokation von Speicher. (Fixed Allocation, Variable Allocation, Reference Counting, Garbage Collection) Auch von diesen Entwurfsmustern können einige sinnvoll in Echtzeitanwendungen aus dem embedded Bereich eingesetzt werden.

Aufbau eines Entwurfsmusterkatalogs für Echtzeitsysteme

Jeder Entwurfsmusterkatalog hat seine eigene Struktur, die an die entsprechende Anwendungsklasse angepasst ist. Die hier vorgestellte Katalogstruktur ist so konzipiert, dass möglichst viele Muster aus dem Bereich der Echtzeitprogrammierung so archiviert werden können, dass sie ein Entwickler in diesem Bereich so benutzen kann, wie ein Mathematiker eine Formelsammlung.

Die Beschreibung eines Musters gliedert sich in folgende Abschnitte:

Name

Jedes Muster hat einen eindeutigen Namen. Der Name ist eine möglichst aufschlussreiche Bezeichnung des Patterns. Er sollte das Resultat beschreiben, dass die Anwendung des Patterns bewirkt.

Kurze Problembeschreibung

In zwei bis drei Sätzen wird in diesem Abschnitt die spezifische Fragestellung definiert, die das Muster behandelt. Es sollte möglichst konkret formuliert werden und ist nicht mit dem Problemkontext (s.u.) zu verwechseln.

Kontext

Mit Problemkontext ist die konkrete Situation gemeint, in der das Problem zu lösen ist. Dieser Abschnitt sollte die Frage beantworten ob dieses Muster für das aktuelle Problem eine Lösung bietet.

Genaue Problembeschreibung

Hier sollte das Problem, das durch dieses Muster gelöst werden kann genau beschrieben werden. Möglichst sollte an einem Beispiel erklärt werden, wo das Problem konkret schon einmal aufgetreten ist.

Lösung

In diesem Abschnitt wird skizziert, welcher Entwurf so geartete Probleme lösen kann. Die statische Struktur dieses Entwurfs wird graphisch als UML Klassen Diagramm dargestellt. Die Dynamik der Lösung wird graphisch als UML Zustands- und Sequenz Diagramm verdeutlicht.

Konsequenzen

Hier werden die Vor- und Nachteile der Anwendung dieses Musters diskutiert werden. Insbesondere wird auf die Auswirkungen auf Laufzeit, Ressourcenverbrauch und Deterministik des Zeitverhaltens sowie Sicherheitsaspekte eingegangen.

Implementation

In diesem Abschnitt werden Hinweise zur Implementation gegeben. Konkrete Implementationen des Musters anhand eines typischen Problems können hier auch angegeben werden.

Bekannte Verwendungen

Eine Problemlösung ist erst dann ein Muster, wenn sie mindestens zwei Probleme in verschiedenen Kontexten gelöst hat. Daher sollten hier mindestes zwei (möglichst unterschiedliche) Verwendungen dieses Musters angegeben werden.

Beispiele

An drei Entwurfsmustern soll beispielhaft erklärt werden, wie der Katalog letztendlich aussehen könnte.

Zustand

Dieses Muster ist ein objektbasiertes Verhaltensmuster [GoF]. Hier wird einem Objekt ermöglicht, sein Verhalten zu ändern, wenn sein interner Zustand sich ändert. Es wird so aussehen, als ob das Objekt seine Klasse gewechselt hat. Mit Hilfe dieses Musters können komplexe Automaten elegant objektorientiert implementiert werden (Abb. 2).

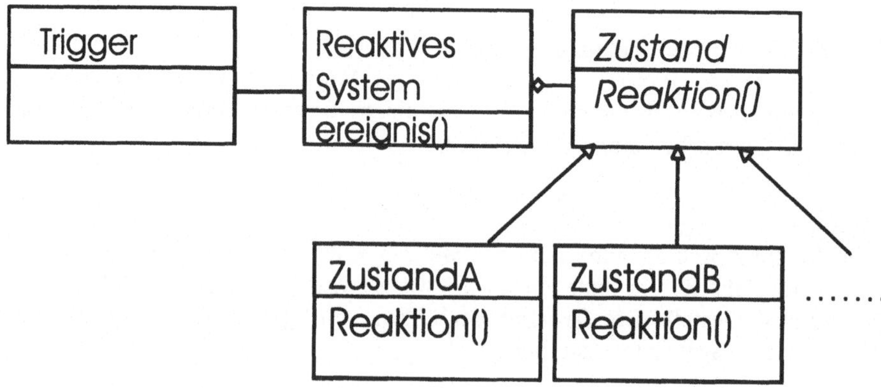

Abb. 2 statische Struktur des Musters Zustand

Der Entwurf eines Automaten mit Hilfe dieses Musters bietet sich besonders dann an, wenn die Reaktionen auf ein Ereignis in den verschiedenen Zuständen mit sehr unterschiedlichen Datensätzen verknüpft sind. Daher ist es nicht verwunderlich, dass erste Anwendungen dieses Musters im Versicherungswesen zu finden waren. Andere Anwendungen finden sich auch in der Kommunikationstechnik. In einem Katalog für Echtzeitsysteme muss in dem Abschnitt Konsequenzen erklärt werden, welche Auswirkung die Verwaltung der Lebensdauer der konkreten Zustände auf das Zeitverhalten des reaktiven Systems hat:

- Wenn die zu den Zuständen gehörigen Objekte dynamisch verwaltet werden braucht man bei Zustandswechseln Zeit für Speicherallokation und Freigabe.
- Wenn die zu den Zuständen gehörigen Objekte statisch bereit gehalten werden wirkt sich das ungünstig auf den Ressourcenverbrauch aus.

Reaktor

Das Architekturmuster *Reaktor* erlaubt ereignisgesteuerten Anwendungen, Dienstanfragen, die sie von einem oder mehreren Clients erhalten, zu entmultiplexen und zu verteilen. Die statische Struktur dieses Musters ist in Abb. 3 (aus [POSA]) dargestellt.

Der Ablauf sieht folgendermaßen aus: Die Ereignisverarbeitungskomponenten (Event Handler) melden sich beim Reaktor an. Der Reaktor selbst verwendet einen synchrone Event Demultiplexer, um auf Ereignisse zu warten, die bei der Anwendung auf eine oder mehrere Ereignisquellen eingehen.

Trifft ein Ereignis ein, so wird der Reaktor vom Synchron Event Demultiplexer benachrichtigt. Der Reaktor verteilt daraufhin dieses Ereignis synchron an die für die Ereignisverarbeitung zuständige Event Handler, so dass dieser Event Handler den angeforderten Dienst ausführen kann.

Obwohl durch den Einsatz dieses Musters anwendungsunabhängige Mechanismen elegant von der anwendungsspezifischen Funktionalität der konkreten handle_event Methoden entkoppelt werden können und eine Unabhängigkeit von der Nebenläufigkeitssemantik des Betriebssystems erreicht wird, muss in einem Katalog für Echtzeitsysteme erklärt werden, wie vermieden werden kann, dass eingehende Ereignisse durch eine handle_event() Methode, die die CPU nicht freigibt, blockiert werden. In [POSA] werden dazu zwei weitere Muster vorgeschlagen.

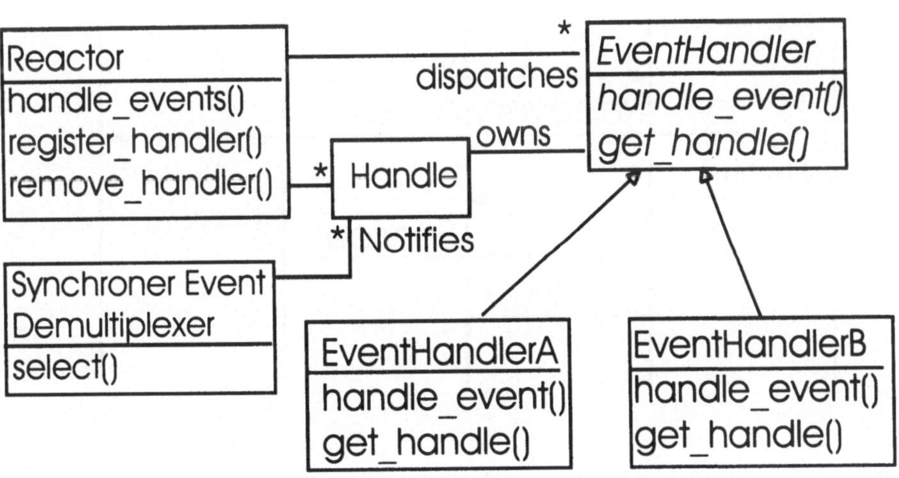

Abb. 3 statische Struktur des Musters Reactor

Safety Executive Pattern

Das Safety Executive Pattern ist ein sehr einfaches Entwurfsmuster für die Behandlung von außergewöhnlichen und fehlerhaften Situationen, die in einer Anwendung auftreten können. Es benutzt einen zentralen Koordinator für die

Überwachung der Sicherheit und für die Steuerung des System Recovery nach Fehlern. Bei großen, komplexen Systemen stellt die Safety Executive einen konsistenten zentralen Punkt für die Steuerung der Sicherheitsfunktionen zur Verfügung [RTUD]. Die Aggregations- und Vererbungsbeziehungen in diesem Muster sind trivial, daher möchte ich mich auf die Darstellung eines typischen Szenarios beschränken, siehe Abb. 4. (UML kann auch für zur Modellierung von Entwürfen benutzt werden in denen Objektorientierung eine untergeordnete Rolle spielt)

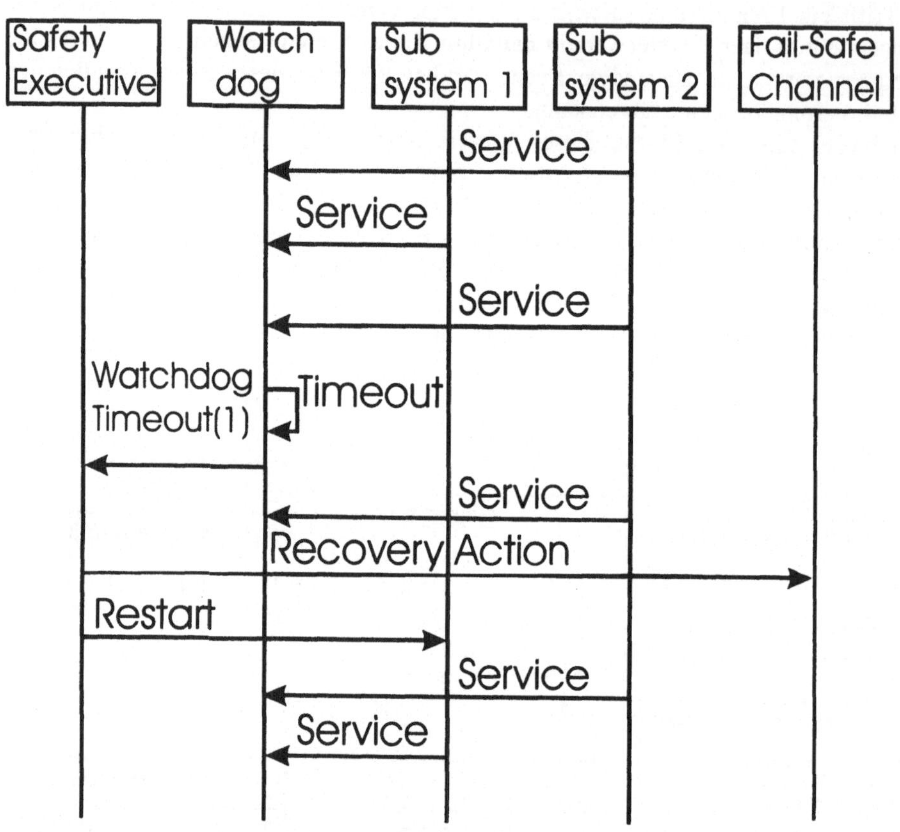

Abb. 2 Dynamik der Reaktion auf den Ausfall eines Subsystems im Safety executive Muster

Fazit

Für die Entwicklung von Software im Bereich der Echtzeitsysteme gibt es mittlerweile viele qualitativ hochwertige Lösungsansätze. Es lohnt sich diese Ansätze, die in der Literatur weit verstreut sind, zu sammeln und in ein einheitliches Format zu bringen. So kann wichtiges Know-how über Generationen von Software Entwicklern hinweg gerettet werden.

Literatur

[GoF] E. Gamma, R. Helm, R. Johnson, and J. Vlissides, Design Patterns: Elements of Reusable Object-Oriented Software. Reading, MA: Addison-Wesley, 1995.

[OMT] Rumbaugh, J., Blaha, M. et al: Object-Oriented Modeling and Design, Prentice Hall, 1991.

[POSA] Douglas C. Schmidt, Michael Stal, Hans Rohnert, and Frank Buschmann: Pattern-Oriented Software Architecture: Patterns for Concurrent and Networked Objects, John Wiley and Sons, 2000.

[PSLM] James Noble, Charles Weir, Small Small Memory Software: Patterns for Systems with Limited Memory, Addison Wesley, 2000

[RTUD] Bruce Powel Douglass, Doing hard time developing real-time systems with UML, objects, frameworks, and patterns Addison-Wesley, 1999

[GACM] Douglas C. Schmidt, Guest editorial for the Communications of the ACM, Special Issue on Patterns and Pattern Languages, Vol. 39, No. 10, October 1996.

Evaluation von UML/RT für Automatisierungssysteme im Anlagenbau

Katja Fischer, Birgit Vogel-Heuser

Bergische Universität Wuppertal
Lehrstuhl für Automatisierungstechnik / Prozessinformatik
Fachbereich Elektrotechnik und Informationstechnik
Fuhlrottstraße 10
D-42119 Wuppertal
kfischer@uni-wuppertal.de, bvogel@uni-wuppertal.de

Zusammenfassung. Automatisierungssysteme im Maschinen- und Anlagenbau stellen entlang des gesamten Lebenszyklus besondere Anforderungen an Softwaresysteme. Bislang gibt es noch keine Modellierungsmöglichkeiten, die ein durchgängiges Engineering unterstützen. Für Geschäftsprozesse und in der Entwicklung von Software für kommerzielle Anwendungen hat sich die Unified Modeling Language (UML) durchgesetzt. Inzwischen gibt es verschiedene Ansätze zur Unterstützung der Modellierung eingebetteter Echtzeitsysteme auf Basis der UML. Die Erweiterung UML/RT (RealTime) ist eine davon. Zur Evaluierung der Notation UML/RT und des Werkzeuges Rose RT (RealTime), welches die Modellierung mittels UML/RT unterstützt, wurde ein hybrider und durch ein heterogenes Automatisierungssystem geregelter Teilprozess modelliert. Mängel der Notation bezüglich konkurrierender Tasks, Regelungen und Verriegelungen sowie Unzulänglichkeiten des Werkzeuges Rose RT im Hinblick auf Multiprozessorsysteme und relevante Echtzeitbetriebssysteme werden aufgezeigt.

1. Einleitung

Zur Gewährleistung eines hohen Maßes an Präzision und Wiederverwendbarkeit in Hard- und Softwaresystemen ist eine detaillierte Anforderungsspezifikation notwendig. Bezüglich der Anwendung bewährter Spezifikations- und Modellierungstechniken besteht in der Maschinen- und Anlagenautomatisierung derzeit ein Defizit. In dieser Anwendungsdomäne werden Hardware- und Softwaresysteme entwickelt, die mehr als 3000, durch Sensoren und Aktoren repräsentierte, Ein- und Ausgabestellen besitzen können. Da eine Anlage oft ein Unikat ist, wird ein systematischer Entwurf und deren Modellierung, aufgrund des Aufwandes und der fehlenden Schnittstellen zu den Programmierumgebungen der Zielsysteme, häufig vernachlässigt. Wegen fehlender Simulationsumgebung und der Komplexität einer Anlage kann die Software in ihrer Gesamtheit erst vor Ort, wenn die Anlage aufgebaut ist, installiert, getestet und abgenommen werden. Hohe Kosten und Zeitdruck, erzeugt durch kurze Zeithorizonte sowie häufiges Re-Engineering vor

Ort, führen zum Umdenken und erfordern die Entwicklung einer geeigneten Methode (Notation und Vorgehensweise) zur Unterstützung dieser Anwendungsdomäne.

Objektorientierte Methoden sind bei der Softwareerstellung und Modellierung von Geschäftsprozessen heute weit verbreitet. Im Bereich Prozessautomatisierung und Anlagenbau sind diese Methoden bislang noch nicht ganzheitlich untersucht worden. Ziel dieses Beitrags ist die Evaluierung der Erweiterung UML/RT der Unified Modeling Language (UML) für den gesamten Lebenszyklus am Beispiel der prototypischen Anwendung einer Anlagenkomponente aus der Holzindustrie mit dem Werkzeug Rose RT der Firma Rational. Die Ergebnisse sollen Ingenieuren und Technikern die Möglichkeiten und Grenzen der UML/RT bei Erstellung und Implementierung von Softwaresystemen für den Maschinen- und Anlagenbau mit heute zur Verfügung stehenden Werkzeugen vermitteln.

2. Anforderungen der Prozessautomatisierung

Die Anforderungen der Prozessautomatisierung, im Speziellen der Anlagenautomatisierung, werden in die Kategorien Prozess, Automatisierungssystem und Projekt strukturiert. Die detaillierte Aufteilung dieser Kategorien, deren Funktion und Notations-Aspekte sind in Tab. 1 aufgeführt.

Tab. 1. Zusammenfassung von Anforderungen [1]

Kategorie / Kriterium	Funktion / Notations-Aspekte
Prozess - hybrid: - Batch	- Schrittketten / Ablaufsteuerung
- kontinuierlich	- Steuerungen / Regelungen
- diskret	- Verriegelungen - Schrittketten - Zustandsübergange
Automatisierungssystem - heterogen	- Verteiltheit, Kommunikation, Netzwerk
	- verschiedene Hardware / Softwareplattformen (SPS/RTOS)
	- HMI und Diagnose
- Konstruktion und Implementierung	- IEC 61131-3 für SPS
Projekt - System-Lebenszyklus	- Top-Down-Entwurf - Wiederverwendbarkeit, Modularitä
- Werkzeugunterstützung	- für gesamten System-Lebenszyklus
- Qualifikation	- einfache Anwendung für Ingenieure und Techniker

Eine Anlage kann aus verschiedenen Anlagenteilen bestehen, die verschiedene Prozesstypen repräsentieren, z.B. Batch-Prozess, kontinuierlicher Prozess, diskontinuierlicher Prozess. Ein Prozess ist hybrid, wenn er mehrere verschiedene Prozesstypen beinhaltet. Er erfordert verschiedene Kontrollstrategien und Modellierungsnotationen, z.B. Blockdiagramme der Regelungstechnik, Zustandsdiagramme oder Sequential Function Charts (SFC) für Batch-Prozesse. Im Anlagenbau werden standardisierte Automationsgeräte eingesetzt, z.B. SPSen die in

IEC 61131-Sprachen [2, 3] programmiert werden. Der IEC-Standard bietet einen komponentenbasierten und funktionsorientierten Softwareentwurf mit verschiedenen Sprachen, die in verschiedenen Anwendungsbereichen eingesetzt werden.

Für die charakteristischen Aufgaben der Automatisierungstechnik, wie Steuerungs- und Regelungsaufgaben, bieten die verschiedenen Sprachen gute Möglichkeiten der Programmierung. Die Ablaufsprache (AS) beispielsweise ermöglicht eine einfache Programmierung von Schrittketten. Die Funktionsblocksprache (FBL) stellt spezielle Elemente zur Programmierung von Verriegelungen zu Verfügung. Verschiedene, auf Boole'scher Logik basierende Funktionsblöcke können miteinander verbunden werden.

Bei der Realisierung großer Automatisierungsprojekte sind Ingenieure oder Techniker verschiedener Disziplinen mit unterschiedlichen Qualifikationen beteiligt. Daraus lässt sich der Bedarf einer Notation ableiten, welche möglichst einfach durch die verschiedenen Fachleute und Ausbildungsniveaus anwendbar ist. Das Werkzeug sollte die Übersetzung von Teilen des Modells in IEC 61131-3 Quellcode beherrschen, da während Inbetriebnahme, Betrieb und Wartung nur dieser SPS-Programmierstandard unterstützt wird.

Ein Ansatz mit SA/RT [4] scheiterte in der Praxis u.a. aufgrund von Mängeln in der Werkzeugunterstützung. Der Zeitdruck während der Projektphasen war so hoch, dass notwendige Diagramme nicht erstellt und angewendet werden konnten. Deshalb ist eine konsistente Werkzeugunterstützung unbedingt empfehlenswert.

Speziell Systeme mit harten Echtzeitanforderungen stellen zusätzliche Anforderungen an die Automationsgeräte, z.B. Prozessrechner mit RTOS. Der Datenaustausch erfolgt über Bussysteme, die nicht notwendigerweise Ethernet-basiert sind. Für Betrieb und Wartung wird ein PC-basiertes Mensch-Maschine-Interface (HMI) genutzt. Aufgrund dieser Architektur sind Automatisierungssysteme oft heterogen. Zur Realisierung harter Echtzeitsysteme sind besondere Anforderungen (Tab. 3) zu erfüllen.

Basierend auf diesen Erfahrungen und der Tatsache das UML große Akzeptanz im Software-Engineering genießt, sollen Vorgaben und Einschränkungen durch die Echtzeiterweiterung der UML für Projekte der Anlagenautomatisierung evaluiert werden.

3. UML und UML/RT

Der Vorteil objektorientierter Methoden liegt in der Anwendung von Vererbungs- und Wiederverwendungsstrategien auf Objekte. Die UML [5] basiert auf verschiedenen objektorientierten Methoden und Notationen zur Modellierung (Object Modeling Technique (OMT) [6], Object Oriented Software Engineering (OOSE) und Fusion [7]). Sie wird von der Object Management Group (OMG) [8] gefördert und weiterentwickelt. Dies gewährleistet eine große Akzeptanz in der Industrie. UML ist eine Notation für die keine Vorgehensweise oder Methode, speziell für technische Software-Entwicklung, definiert ist. Sie unterstützt eine Vielzahl verschiedener Diagramme mit bestimmten Notationen und verschiedenen Sichten auf das System. Die Dynamik eines Systems wird mit Zustandsautomaten, Aktivitäts- oder

Interaktionssichten dargestellt. Die Struktur kann im Klassendiagramm, Komponentendiagramm und Verteilungsdiagramm dargestellt werden. Tab. 2 gibt einen Überblick der in der UML definierten Diagrammtypen und beschreibt die verschiedenen Einsatzgebiete.

Tab. 2. Diagrammtypen der UML und deren Aufgaben [1]

Sichtweise	**Diagrammtyp**	**Aufgaben**
Struktur	Anwendungsfalldiagramm	• Benutzersicht darstellen • Systemsicht zur Umwelt definieren • Überblick über die Funktionalität des Systems geben
	Klassendiagramm	• Systemstruktur darstellen
	Komponentendiagramm Verteilungsdiagramm	• Physikalische Architektur des Zielsystems definieren
Dynamik	Zustandsdiagramm Aktivitätsdiagramm Sequenzdiagramm Kollaborationsdiagramm	• Systemdynamik darstellen • Beziehungen zwischen Objekten, Aktivitäten definieren • Transitionen zwischen Zuständen eines Objektes definieren

Die UML bietet so genannte Erweiterbarkeitskonstrukte (Extensibility Constructs). Das mächtigste Konstrukt ist der Stereotyp. Stereotypen sind Modellierungselemente die vom Modellierer, basierend auf einem vorhandenen Element, individuell entworfen werden können. Auf dieser Grundlage entwickelten Selic und Rumbaugh [9] Konstrukte zur Modellierung von Echtzeitsystemen. Zusätzliche Modellelemente werden als Bibliothek genutzt, um damit ein Modellierungswerkzeug für eingebettete Echtzeitsysteme zu schaffen. Zur Erweiterung der Modellierungsmöglichkeiten von Verhalten und Struktur wurden die Stereotypen Capsule, Port und Protokoll definiert. Capsules sind das Hauptkonstrukt der Echtzeiterweiterung, sie basieren auf der Metamodellklasse Klasse. Im Gegensatz zur Klasse können sie nur über Ports mit ihrer Umgebung kommunizieren. Ports sind mit Protokollen assoziiert, welche ein- und ausgehenden Nachrichten beinhalten. Um diese Kommunikation geeignet darstellen zu können, wurde eine weitere Diagrammart, das Strukturdiagramm, definiert. Genauso wie Klassen beinhalten Capsules Zustandsautomaten.

4. Modellierungswerkzeug Rational Rose RealTime

Zur Modellierung von Echtzeitaspekten bieten nur wenige UML-Werkzeuge eine spezielle Unterstützung. Als ein weit verbreitetes Werkzeug, soll Rational Rose RT [10] diesbezüglich näher untersucht werden. Es bietet die Unterstützung gemäß UML/RT. Neben der Dokumentation ermöglicht es die Überprüfung von Genauigkeit und Vollständigkeit des erstellten Modells und bietet Codegenerierung, Simulation und Test an. Zudem ist Rose RT stark auf dem Markt etabliert. Das Werkzeug stellt eine komplette Softwareentwicklungsumgebung zur Verfügung mit der Softwaresysteme UML-basiert modelliert werden können. Es erlaubt die automatische

Generierung von Quellcode in C, C++ und Java sowie das Kompilieren, und Simulieren von Komponenten des Modells. Capsules können einzelnen, vom Benutzer definierten, Threads zugewiesen werden. Die Anzahl der vergebaren Prioritäten hängt vom Betriebssystem des verwendeten Zielsystems ab. Rose RT unterstützt die Priorisierung einzelner Nachrichten (fünf Prioritätsstufen). Innerhalb einer Prioritätsklasse werden die Nachrichten in der Reihenfolge ihres Eintreffens bearbeitet. Nachrichtenprioritäten gestatten nicht das Unterbrechen aktueller Ereignisse. Die Prioritäten des Betriebssystems sind höher als die Benutzerprioritäten der Nachrichten [11].

Eine Überprüfung der Echtzeitaspekte während der Laufzeit und die Simulation eines verteilten Systems ist mit Rose RT nicht möglich. Rational bietet zum einen das Werkzeug Test RT an mit dem Testskripte erstellt und Sequenzdiagramme mit Zeitangaben generiert werden können. Zur Modellierung der Kommunikation zwischen Komponenten, was auch mit Rose RT möglich ist, und zur Simulation eines verteilten Systems bietet Rational die Erweiterung Connexis, welche nur Ethernet TCP/IP Netzwerke unterstützt. Diese sind für Echtzeitanforderungen nicht geeignet. Aufgrund dieser Einschränkung ist das modellierte Anwendungsbeispiel auf ein Einprozessorsystem beschränkt.

5. Anwendungsbeispiel Hydraulik-Presse

Ein Teil einer Anlage aus der Spanplattenindustrie soll beispielhaft modelliert werden. Der Prozessrechner der gesamten Anlage ist aufgrund der hohen Dynamik des Hydrauliksystems als Multiprozessorsystem mit Echtzeitbetriebssystem ausgelegt.

Die Tasks zur Regelung des Prozesses erfordern sehr kurze und deterministische Zykluszeiten. Da Rose RT die Modellierung von Multiprozessorsystemen nicht unterstützt, konzentriert sich das Modell des Anwendungsbeispieles nur auf einen Teil ohne Implementierung auf das Zielsystem. Herausgenommen ist der regelungstechnisch anspruchvollste Teil, die Presse. Aufgrund der Komplexität der Heizpresse wird die Betrachtung auf Steuerung und Regelung der Pressenhydraulik beschränkt. Hier sind zeitkritische Regelungen, kombiniert mit Steuerungen, anderen Regelkreisen untergeordnet.

Zerfasertes und beleimtes Holz wird unter Hitze und Druck verpresst. Beim Pressvorgang darf die gewünschte Plattendicke nicht durch zu hohen Druck unterschritten oder zu geringen Druck überschritten werden. Zusätzlich muss der Druck aus technologischen Gründen auf einen Maximalwert begrenzt werden. Die Presse verfügt über mehrere Hydrauliksysteme die Proportionalventile zum Druckauf- und Druckabbau enthalten. Als zugehörige Messwerte (Istwerte) stehen Pressspalt (Istdistanz, GiLs) und Hydraulikdruck (Istdruck, PICyiL) im jeweiligen System i (einzelne Rahmen) zur Verfügung (Abb. 1).

Der Druck soll mit den Ventilen derart gesteuert werden, dass der Pressspalt eine vorgegebene Distanz nicht unterschreitet (*DistanceControl*). Dabei darf ein vorgegebener Maximaldruck nicht überschritten werden (*PressureControl*). In der Betriebsart *DistanceControl* wird der Sollwert für den Pressspalt durch Änderung des Pressendrucks zwischen einer maximalen und minimalen Grenze geregelt. Kann der geforderte Pressspalt innerhalb dieser Grenzen nicht erreicht werden, schaltet das System in die Betriebsart *PressureControl* um (vereinfachte Darstellung).

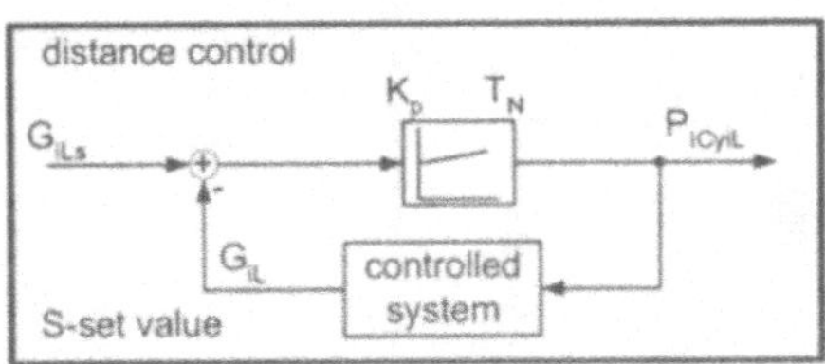

Abb. 1. System i (Rahmen) als Blockdiagramm

Zur Modellierung mit Rose RT wird zunächst ein Anwendungsfalldiagramm (Abb. 2.a) zur Beschreibung der Aufgabenstellung entworfen. Die Anwendungsfälle (Betriebsmodi) *PressureControl* und *DistanceControl* werden vorab vom Bediener gewählt und anschließend vom übergeordneten System umgeschaltet.

Geregelt wird die Größe Druck (Pressure) oder Pressspalt (Distance). Die Capsules des Regelungssystems eines Rahmens mit ihren zugehörigen Ports sind im Klassendiagramm (Abb. 2.b) dargestellt. Das Protokoll *ProtocolValue* wird mehrfach verwendet, da der gleiche Nachrichtentyp (gleiche Ein- und Ausgangssignale) übertragen wird.

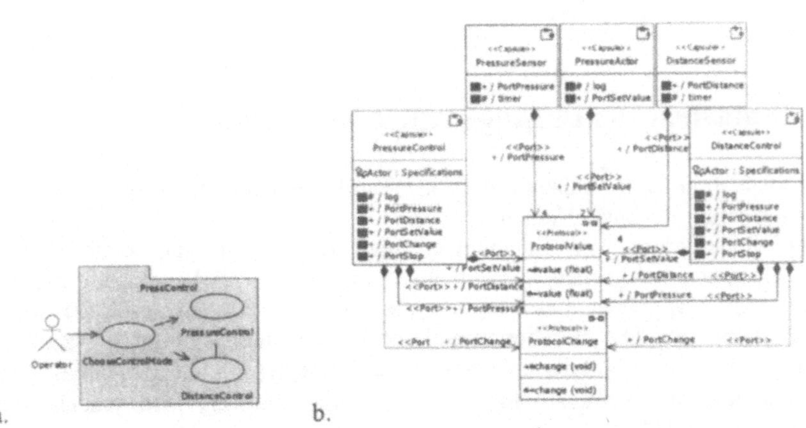

Abb. 2. a. Anwendungsfalldiagramm *Presse* b. Klassendiagramm *Regelung*

Das Strukturdiagramm (Abb. 3.a) zeigt alle in der Capsule *PressureControl* verwendeten Ports. Beispielsweise der Port *PortStop* wird verwendet um den gesamten Prozess anzuhalten. Sobald einer der Messwerte, die über die Ports *PortPressure* und *PortDistance* empfangen werden, außerhalb der Toleranz liegen, wird eine Nachricht am Port *PortStop* aktiviert.

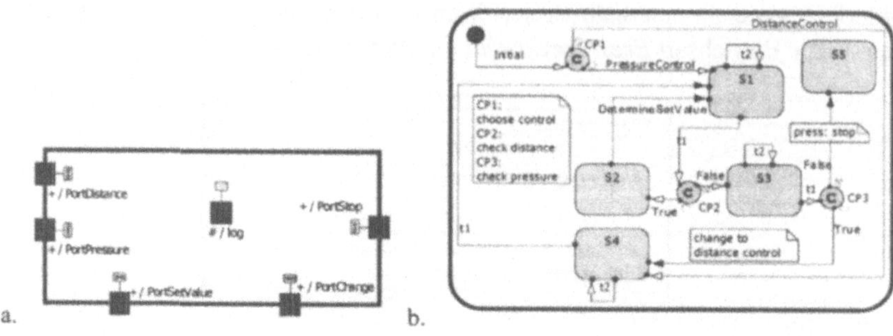

Abb. 3. Capsule *Druckregelung*: a. Strukturdiagramm b. Zustandsdiagramm

Die eigentliche Regelung zur Ermittelung des Sollwertes ist im Zustandsdiagramm in der Transition *DetermineSetValue* von S2 nach S1 modelliert (Abb. 3.b). Der neue Sollwert wird über den Port *PortSetValue* zur Capsule *PressureActor* übertragen. Eine aktive Nachricht am Port *PortChange* bewirkt einen Wechsel des Betriebsmodus und somit den Start der Lageregelung.

Die Aktivitäten erfolgen innerhalb der Transitionen bei Triggerung durch ein entsprechendes Signal. Die Subcapsules stellen folglich Zustände dar, die beschreibbar sind. Auf eine Benennung wurde aufgrund der Übersichtlichkeit verzichtet. Zudem entspricht die gewählte Darstellung einer intuitiven und funktionsorientierten Beschreibung.

6. Evaluation von UML/RT und Rational Rose RT

Die Evaluation soll anhand der in Tab.1 definierten Anforderungen der Automatisierungstechnik erfolgen.

Zur Modellierung von Steuerungen und Regelungen sind keine speziellen Sprachelemente vorgesehen. Schrittketten können mit UML einfach modelliert werden. Rose RT bietet diesbezüglich alle Möglichkeiten, die im UML-Standard festgelegt wurden. Die Beschreibung einer Verriegelung ist mittels UML/RT im Zustandsdiagramm ebenfalls möglich. Eine Modellierung über mehrere Ebenen (Zustandsautomat → Subzustand → Subzustand) hinweg wird jedoch schnell unübersichtlich (Abb. 4).

Zur Modellierung von geschlossenen Regelkreisen existieren in der UML zwei Diagrammtypen, Aktivitätsdiagramm und Zustandsdiagramm. Die eigentliche Regelung ist allerdings als Quellcode innerhalb einer Transition (Abb. 5) oder einem Zustand realisiert. Es gibt keine speziellen Konstrukte, die diese Modellierung vereinfachen.

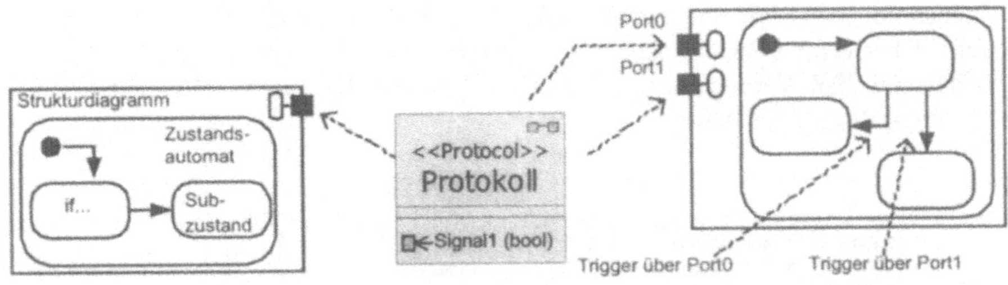

Abb. 4. Darstellung von Steuerungen mittels UML/RT

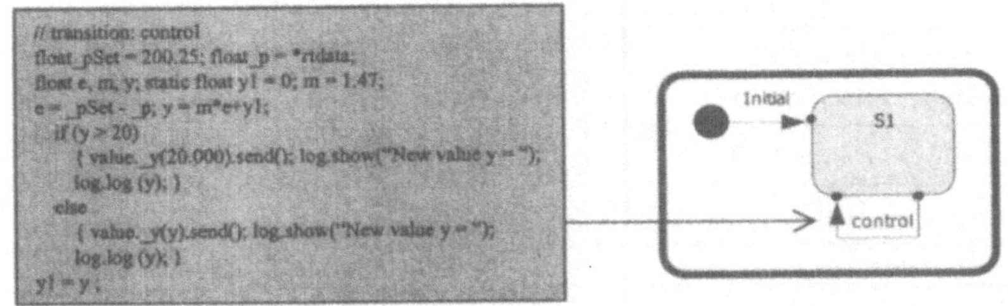

Abb. 5. Darstellung der Regelung mittels Rose RT

Basierend auf den Erfahrungen mit Echtzeitbetriebssystemen (RTOS) und Echtzeitprogrammiersprachen, z.B. PEARL [12], sollen die Anforderungen zur Beschreibung von Echtzeit-Aspekten näher untersucht werden. Eine Übersicht inklusive der Anforderungen für den gerätetechnischen Aufbau ist in Tab. 3 aufgeführt. Prinzipiell ist es möglich sämtliche Anforderungen zu modellieren, allerdings stehen keine besonderen Sprachelemente zur Verfügung, die die Modellierung vereinfachen. Beispielsweise Interrupt-Anweisungen können nur über zusätzliche Timer modelliert werden.

Mit UML/RT und Rose RT sind folgende Aspekte modellierbar: Vereinbarung von Rechenprozessen sowie die Modularisierung von Prozessoreinheiten und deren physikalische Verbindungen. Insgesamt unterstützt das Werkzeug Rose RT weniger Echtzeitaspekte als mit UML/RT möglich ist. So ist beispielsweise die Modellierung paralleler Kontrollflüsse innerhalb eines Zustandsdiagramms nicht möglich. Obwohl verschiedene Softwarekomponenten mit Rose RT in einem Diagramm dargestellt werden können, kann immer nur eine Komponente simuliert werden.

Zur Modellierung verteilter Systeme und dynamischer Hardwareverbindungen sowie zum Testen von Echtzeitanforderungen sind Zusatzwerkzeuge notwendig (s. 4.). Rose RT unterstützt die Programmiersprachen C, C++ und Java. Nach Codegenerierung und Simulation kann der erzeugte Quellcode auf ein entsprechendes Zielsystem geladen werden. Prozessrechnersysteme sind mit speziellen Echtzeitbetriebssystemen ausgestattet, wie beispielsweise VxWorks, welches das Werkzeug Rose RT unterstützt. PC basierte Betriebssysteme (Windows) werden vollständig unterstützt. Da C-Code verfügbar ist, bestünde die Möglichkeit so genannte „Soft-SPS" mit einer IEC 61131-3 Implementierung einzusetzen. Dazu wäre eine Übersetzung des C-Codes in strukturierten Text (ST) notwendig. Die Abbildung von einfachen Verriegelungen auf ST ist jedoch ungeeignet, insbesondere für die Fehlersuche auf der Baustelle.

Tab. 3. Echtzeitanforderungen

notwendige Sprachmittel zur Beschreibung von Echtzeitaspekten (implementierungsorientiert)		**UML/RT**		**Rational Rose RealTime**
Vereinbarung von Rechenprozessen (Tasks)	+	Komponentendiagramm Klassendiagramm	+	Komponentendiagramm Klassendiagramm
Steuerung der Übergänge zwischen den Tasks	0	keine speziellen Konstrukte	- -	nicht möglich
Einplanung von Tasks (Scheduling)	0	keine speziellen Konstrukte	- -	nicht möglich
Synchronisation von Tasks z.B. Semaphore, Rendevous	0	keine speziellen Konstrukte	- -	nicht möglich
Taskaktivierung (Zeit, Ereignis)	0	keine speziellen Konstrukte	- -	nicht möglich
Kommunikation zwischen Tasks	0	keine speziellen Konstrukte	- -	nicht möglich
Interrupt - Anweisungen	-	nur verbal möglich	- -	nicht möglich
für gerätetechnischen Aufbau				
Beschreibung der Anschlüsse zur Peripherie und zum technischen Prozess		keine speziellen Konstrukte	- -	nicht möglich
Laufzeiteigenschaften	-	nur verbal möglich	- -	nicht möglich
für Verteiltheit				
Beschreibung der beteiligten Prozessrechnereinheiten	+	Verteilungsdiagramm	+	Verteilungsdiagramm
Beschreibung der physikalischen Verbindungen zwischen Rechnern	+	Verteilungsdiagramm	+	Verteilungsdiagramm

Zur Änderung bereits implementierter Software existieren grundsätzlich zwei Möglichkeiten, Änderung nach Rückkompilierung in die IEC 61131-3 Sprachen oder, dies ist der geeignetere Weg, Durchführung der Änderungen direkt am Modell. Allerdings ist die Anwendung dieser Option durch den Techniker vor Ort aufgrund der Komplexität der Anwenderschnittstelle keine leichte Aufgabe und erfordert Einarbeitung.

7. Zusammenfassung und Ausblick

Auf Basis der Anforderungen in der Prozessautomatisierung wurde beispielhaft ein Teil einer Applikation für den Anlagenbau, die Hydraulik-Presse, modelliert. Es wurden die Möglichkeiten des Werkzeugs zur Modellierung von Regelungen, Steuerungen, Verriegelungen, Schrittketten sowie Nebenläufigkeiten evaluiert. Aufgrund der besonderen Vorgehensweise bei der Projektierung im Maschinen- und Anlagenbau und dem Mangel an speziellen Konstrukten zur Modellierung von Echtzeitanforderungen, Multiprozessorsystemen, heterogenen Systemen und SPS-Systemen ist UML/RT und das Werkzeug Rose RT für Ingenieure und Techniker des Maschinen- und Anlagenbaus nicht einfach anwendbar.

Zur Zeit wird von der OMG ein UML-Profil (UML 2.0) [13] entwickelt, dass weitere Konstrukte zur Echtzeitmodellierung beinhaltet, „Profile for Schedulability, Performance and Time Specification". Es enthält ein Multitaskingmodell für synchrone und asynchrone Zugriffe auf Tasks und Threads sowie ein Semaphorenkonzept (Betriebsmittel Modellierung, GRMacquire und GRMrelease). Bezüglich der Unterstützung von Echtzeitbetriebssystemen, Taskeinplanung und Performancemodellierung werden besondere Konstrukte vorgesehen. Die Verabschiedung ist geplant. Diese künftige Spezifikation und ihre Profile sind bezüglich Diagrammtypenanzahl und Werkzeugintegration zu evaluieren.

Aus Sicht der Automatisierungstechnik ist die hohe Vielfalt der Diagrammtypen ein besonderer Nachteil, da sie die Einarbeitungszeit für Ingenieure und Techniker erhöht. Zur Verbesserung ist daher die Bewertung der Diagrammarten hinsichtlich ihrer Eignung für die Prozessautomatisierung und eine geeignete Reduzierung notwendig. Die Überprüfung der Konsistenz und die Integration der ausgewählten Diagrammtypen stellen weitere zu lösende Aufgaben dar.

8. Literatur

1. K. Fischer, B. Vogel-Heuser, UML in der automatisierungstechnischen Anwendung-Stärken und Schwächen. Angenommener Beitrag, atp - Automatisierungstechnische Praxis, 44 (2002) Heft 10, Oldenbourg, München, 2002
2. K.-H. John, M. Tiegelkamp, SPS-Programmierung mit IEC 1131-3, Springer-Verlag, Berlin, Heidelberg, 1995
3. F. Bonfatti, P.D. Monari, U. Sampieri, IEC 1131-3 Programming Methodology, CJ International, Seyssins, 1997
4. B. Vogel, J. Bartels, Systementwicklung für die Automatisierungstechnik im Anlagenbau, at-Automatisierungstechnik, 49 (2001), Heft 5, Oldenbourg, München, 2001, pp. 214-224
5. J. Rumbaugh, I. Jacobson, G. Booch, The Unified Modeling Language Reference Manual, Addison-Wesley Longman, 1999
6. J. Rumbaugh, M. Blaha, W. Premerlani, F. Eddy, Objektorientiertes Modellieren und Entwerfen, Hanser, München, 1991
7. H. Partsch, Requirements-Engineering systematisch, Springer-Verlag, Berlin, 1998
8. Object Management Group, www.omg.org
9. B. Selic, J. Rumbaugh, Using UML for Modeling Complex Real-Time Systems, www.rational.com\whitepapers, 1998
10. Rational Software Corporation, www.rational.com
11. Rational Software Corporation, Rational Rose RealTime: C++ Reference, Rose RealTime Version 2001A.04.00, 1991 – 2001
12. Lauber, R.: Prozessautomatisierung, Band 1. 2. Auflage, Springer-Verlag, 1989
13. UML Profile for Schedulablity, Performance, and Time Specification, OMG, http://cgi.omg.org/docs/ptc/02-01-20.pdf

IT Security for Automation Systems - Motivations and Mechanisms

Martin Naedele

ABB Corporate Research Ltd.,
CH-5405 Baden-Dättwil, Switzerland,
martin.naedele@ch.abb.com

Abstract. The protection of safety-critical and infrastructure systems (such as automation systems for utilities, but also for manufacturing plants) against electronic and communication network based attacks becomes more and more important. This paper examines how such safety-critical plants and automation systems can be secured against information system and network based attacks. Based on the defense-in-depth approach, a conceptual, generic security zone model for use in analysis and synthesis of a plant security architecture is proposed, and for each of its zones a survey of the available and appropriate security mechanisms for delaying the attacker, detection, and response is given.

1 Motivation

The protection of automation systems of manufacturing plants and utilities against electronic and communication network based attacks becomes more and more important [6, 9, 10]. This is mainly because of three current developments:

- Economic and technical trend towards interconnection and Internet connection of such systems. This makes convenient remote access to these systems available to many people, but on the other hand also enables remote attacks. In many cases legal prosecution is not a useful deterrent, e.g. because the attacker cannot be identified, or his actions are not a punishable crime in the country where he is based.
- Technical trend of migrating automation system and network architectures from proprietary protocols towards standardized, open protocols, applications and systems. Thus a larger number of people exists who have the knowledge necessary to attack the system, and increased interoperability of devices prepares the ground for deliberately and incidentally malicious devices.
- The global political and economic situation makes attacks on such infrastructure systems likely:

  "Water, electricity, [...] and other critical functions are directed by computer control [...]. The threat is that in a future crisis a criminal cartel, terrorist group, or hostile nation will seek to inflict economic damage [...] by attacking those critical networks. [...] The threat is very real." [1]

On the economic side, for example the competition between deregulated power utilities creates economic incentives for malicious actions:

> Competition, a first for power suppliers, has created what IEEE-USA calls "financial incentives for malicious intrusion into computers and communications systems of the electric power industry and marketplace participants." [2]

In these types of applications, in contrast to commercial and administrative data processing applications, often not typical data security issues (e.g. confidentiality, integrity) as such are the most important goal, but IT security is one component of the safety and fault-tolerance strategy and architecture for the plant.

2 Two approaches to securing systems

Hard perimeter is the most popular philosophies for defense. The idea is to have one impenetrable wall around the system and ignore all security issues inside. While convenient to implement this is in general not secure, for a variety of reasons: The wall must have doors to be usable; this creates technical and social engineering security risks. Once the attacker has managed to sneak inside, the system is without defense (the proverbial Trojans). It is also, by definition, ineffective against insider attacks. Progressing technology gives the attacker continuously better wall-penetration capabilities. Monoculture is dangerous: the wall is based on one (physical) principle, if that fails for some reason, the whole defense is gone. Humans make mistakes: it is illusory to assume that we can design a wall that is without weak spots (either in design, implementation, or operation) - the Chinese Wall provides a historical example. This approach does not make use of available reaction capabilities: at the time of detection of a successful attack, everything is already lost. In consequence, this means that the shell needs to be infinitely strong, because it needs to resist infinitely long [8].

Defense-in-depth is the alternative approach resulting from the above arguments. Here several zones/shells are placed around the object, which is to be protected. Different types of mechanisms are used concurrently around and inside each zone to defend it. The most precious good, in this case the safety critical automation system, is in the innermost zone. In addition to defense mechanisms we also have detection mechanisms, which allow the automation system operators to detect attacks and actively defend against them. Each zone also buys time to detect and fend off the attacker. In the spirit of Schwartau's time-based security this allows to live with the fact of imperfect protection mechanisms, as only the strength $P >= D + R$ has to be achieved, where P is the time during which the protection resists the attacker, D is the delay until the ongoing attack is detected, and R is the time until a defensive reaction on the attack has been completed.

Summary: There are two basic approaches used for the securing of a system, but only defense-in-depth will, if properly implemented, lead to a secure system.

3 Generic security zone model

As a consequence of this reasoning, a conceptual, generic security zone model for use in analysis and synthesis of a plant security architecture is proposed (see Figure 1), consisting of

remote access zone, which contains all remote users and remotely connected information systems - either via dial-up telephone lines or via Internet/intranet,

station zone, which covers the workstations of the plant operators. These are assumed to be LAN-networked general purpose PCs. In many ways this zone is similar to a normal office computing environment: human users, interactive user operations, unpredictable data flows, complex, as well as commercial operating systems and applications. Specific for the system in the station zone of an automation system as compared to a normal office or lab computing environment, and relevant from the IT security perspective is that the software installations on the system are not determined by and under control of the user, but are centrally selected, installed, administrated and monitored, and that certain applications (e.g. IRC, email, web servers, etc) will in many cases not at all be run on operator workstations.

automation system zone, which contains the safety critical automation and control devices. These are typically embedded devices communicating in a predictable way. This means, that the configuration of the system is relatively static and that all involved devices and their normal, legitimate communication patterns (regarding communication partners, frequency, message size, message interaction patterns, etc) are known at configuration time, so that protection and detection mechanisms can be tailored to the system. Also, additional non-networked (out-of-band) safety and fault-tolerance mechanisms may be available to cover the failure of one or multiple components of the automation system.

4 Zones and mechanisms

In each of the defense zones each security mechanism can be categorized as belonging to one (or multiple) of the following groups:

- Deterrence: Pointing out to the potential attacker that his personal pain in case of getting caught does not make the attack worthwhile. However, in most threat scenarios for safety-critical and infrastructure systems the deterrence component, especially the counter-threat of legal action, is ineffective. Deterrence mechanisms will not be discussed in the following.
- Connection authentication: Is the other host at all permitted to talk to the system under consideration?
- User authentication: Is the user on the other host at all permitted to talk to the protected application? What are his privileges?
- Action authentication: Is the user on the other host allowed to execute the actions he wants to initiate? In this sequence?

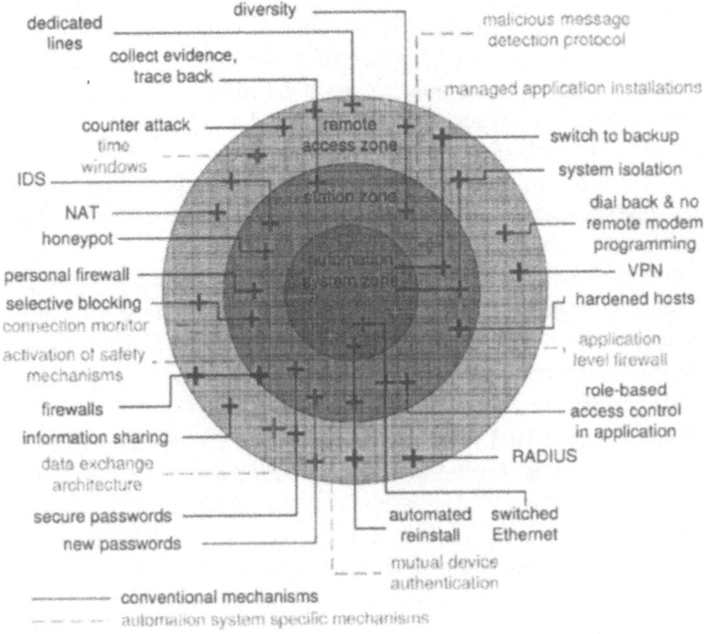

NAT: Network Address Translation
VPN: Virtual Private Network
RADIUS: Remote Access Dial In User Service
IDS: Intrusion Detection System

Fig. 1. Defense zones and security mechanisms for automation systems

- Intrusion detection: Has any attacker managed to get past the first three walls? Most intrusion detection systems are based on monitoring and detecting whether anything "unusual" is going on in the system.
- Response: How to throw the attacker out of the system? How to remove any damage done by the attack? How to protect the environment against negative consequences of the attack? How to avoid a repetition of the same type of attack or from the same attacker?
- Mechanism protection: To make the above mechanisms effective, they must themselves be protected against attacks.

In the following subsections the mechanisms shown in Figure 1 are accordingly categorized and explained.

Remote access zone

- connection authentication:

  - dial-back modem: After authentication via dial-in modem the system dials back to a preconfigured telephone number for this authenticated user. This prevents an attacker to masquerade as an authorized user from anywhere in the world, even if he managed to obtain this user's credentials. The attacker would also need to obtain physical access the authorized user's phone line.
  - firewall: A firewall passes or blocks network connection requests based on parameters such as source/destination IP addresses, source/destination TCP/UDP ports (services), protocol flags etc.
  - access time windows: If the remote connection is not necessary for operation, but only to upload configuration changes and download measurement values, which are not urgent and irregular in timing, the remote access can be restricted to certain time windows.
- user authentication:
  - Remote Access Dial In User Service (RADIUS) protocol [7].
  - secure passwords: Authentication relies mostly on passwords. This makes password selection and management one of the most important aspects (and potential weaknesses) of a system [5,11]. Related schemes like smartcards or tokens increase security as knowledge of a secret and possession of a device are needed to authenticate a user.
- action authentication:
  - data exchange system architecture: If the remote access is not necessary for interactive operation and examination of the automation system, but only for upload and download of pre-configured parameters and data, the system can be architected so that direct remote access to the automation device that is source or target of the data is not required. Instead, the remote access is only to a less valuable FTP or web server, which acts as cache and communicates over a series of time-shifted, content-screening data forwarding operations with the actual data source or target.
- intrusion detection:
  - failure alerts: The operators are alerted whenever one of the authentication mechanisms fails, which could indicate an unsuccessful attempt to attack the system.
  - log analysis: All actions of the authentications devices are logged, and these logs are manually or automatically screened for unusual occurrences or patterns (e.g. an authorized user suddenly accessing the system outside his normal work hours).
- response:
  - collect and secure evidence: Gathering, copying, and storing at a secure location of all logs and media (e.g. hard disks) that contain evidence of the malicious activity. This evidence can be used to identify the attack and thus the system weaknesses in detail, to locate and estimate the amount of damage done by the attack, and also to support legal prosecution of the attacker. In the latter case correct handling of evidence is especially important.

- trace back: This refers to activities that aim at discovering the source of the attack, both as part of the evidence collection process (see above) and to enable stronger defense mechanisms for identified sources of attacks (e.g. blocking). Due to various possibilities for faking packet data (such as the originating address) this is technically not easy [3].
- active counterattack: An active counter attack has as aim to selectively disable the attacker's computer to prevent further attacks and to "punish" the attacker. Due to the fact that a unambiguous trace back is difficult (see above), that often "innocent" systems are used as intermediary stages for staging an attack, and that the legality of a counterattack is dubious in most situations and localities, a counterattack response is normally not recommended.
- information sharing: Early sharing of information about ongoing attacks, especially novel types of attacks, with the IT community represents good "Internet citizenship" because it gives more defenders a chance to increase alertness and to remove weaknesses. Many types of attacks, such as distributed denial of service and viruses, rely on the fact that the same weakness can be exploited on a large number of systems, which then are used to launch further attacks. Therefore, damming the spread of an attack is in every defender's interest. On the other hand, many companies might be concerned about the effects of making the facts and circumstances of attacks known to competitors and the public. For this purpose several institutions exist which receive and distribute information about attacks without disclosing the sources of the information. Examples are the SEI CERT (www.cert.org) and various industry specific Information Sharing and Analysis Centers (ISACs), e.g. www.it-isac.org, www.energyisac.com.
- selective blocking: If the origin of the attack and the location of entrance into the system can be identified, blocking rules of firewalls, routers, and access servers, perhaps already at the Internet Service Provider, can be temporarily or permanently modified to close the inroads of the attack.
- system isolation: The connections between the compromised system and other, more important parts of the automation system are closed to avoid further spreading of the attack. Depending on system/remote access functionality and importance, on whether delaying the attacker and collection of further evidence is of higher importance, or quick restoration of operation, also all remote connections can be shut down, both for the affected and the not-yet affected systems, until the effects of the attack are removed. Like for electric power grids, the automation system should already be architected and designed such that it can be partitioned into zones, which can be isolated while keeping disruption of the remaining parts to a minimum.
- switching to backup IT infrastructure (production hosts, access servers, firewalls, IDS hosts) preconfigured with different passwords, different network addresses, and, even better, also SW diversity (see below) with respect to the primary systems.

    - automated, periodic reinstallation of applications, operational data, and configurations: The SW applications of the automation system, as well as static operational data and configurations, especially of the security components, are periodically and on detection of an attack reinstalled from a known-good read-only storage device (e.g. CD). This replaces applications with backdoors (Trojans) or modified system files (e.g. password files), which an attacker has installed, even if the attack was not picked up by the IDS.
    - new passwords: The automatic or manual reinstallation of system configurations in case of attack should also change the passwords used, in particular those for the security components, to avoid that an attacker can immediately re-enter the system with a compromised set of credentials.
- mechanism protection:
    - dedicated lines: Instead of connecting the dial-in modems to telephone lines, which are accessible to anybody from anywhere in the world, dedicated telephone cables are used which connect only secure, authorized systems. This protects e.g. passwords during the authentication process.
    - virtual private network (VPN): A VPN uses encryption and digital signatures to achieve the effect of a physical dedicated line over a shared medium such as a normal telephone connection or the Internet.
    - disable remote reprogramming of dial-in/dial-back modems: The dial-back mechanism is only effective, if the remote attacker can not redirect the dial-back call to his own telephone.
    - network address translation (NAT): System uses internally different IP addresses than those shown in the externally visible messages. A border device is responsible for on-the-fly translation of addresses in both directions. NAT makes remote probing of the internal network topology for interesting or vulnerable targets much more difficult and prevents certain attacks that bypass the firewall.
    - Diversity: System diversity, e.g. by using different operating systems like Windows and Unix/Linux for the productions systems and the intrusion detection systems or other security mechanisms, or by selecting different brands of firewalls for different zones and sub-zones increases security, as an attacker can not rely on a single weakness (exploit) in one product to walk through all defenses. It also offers a bit more resilience in the time between publication of an exploit and the design and installation of corresponding patches in the system.

Station zone

- connection authentication:
    - firewall: see above
    - switched Ethernet: Prevents data sniffing and denial-of-service attacks by other computers on the same LAN segment.

    - personal firewall: Monitors and controls on each host which applications are allowed to initiate and accept connection requests from the network.
- user authentication:
    - secure password: see above
- action authentication:
    - role-based access control in applications: In most cases, not all authorized users are in the same way permitted to execute all types of activities on the system, therefore the network log-on alone does not offer a sufficient granularity of access control. With role-based access control each authorized user has one or multiple roles, which correspond to sets of actions he can execute in the application.
    - managed application installation: Centralized administration and monitoring enforces that only the authorized and necessary applications are running on station level PCs, and that configurations are not changed by the users.
- intrusion detection:
    - network-based intrusion detection system (IDS): Discovers attacks based on known attack profiles and/or unusual system behavior from information seen on a network segment.
    - host-based intrusion detection system (IDS): Discovers attacks based on known attack profiles and/or unusual system behavior from information seen locally on the host on which it is running.
    - honeypot: Subsystem that looks particularly attractive to an attacker, e.g. from the naming of the host or files on it, or by simulating certain weaknesses in the installation. It is, however, a dedicated and isolated system without importance for the functioning of the automation system, which is especially instrumented with intrusion detection systems. The idea is that an attacker who successfully breaches the first line of defense will be attracted to the honeypot host first, and thus is at the same time delayed and triggers intrusion detection systems.
- response:
    - collect and secure evidence: see above
    - selective blocking: see above
    - system isolation: see above
    - switching to backup IT infrastructure: see above
    - automated periodic reinstallation: see above
    - new passwords: see above
- mechanism protection:
    - switched Ethernet: see above, to protect passwords flowing on the network
    - role-based access control: Ensures that only security administrators and not all inside users can change security settings and read/edit logs. This is the basis of all security precautions against insider attacks and also creates an additional hurdle for attackers that have broken into the account of an authorized user to take complete control over the system.

- hardened host: Security mechanisms rely on the basic functions of the operating system on the host not having been corrupted by the attacker. Hardening a system means to reduce opportunities for misconfigurations and security holes by removing all unnecessary applications and services, fixing known bugs, replacing critical applications with more trustworthy ones of the same functionality, and setting all system configuration parameters to secure values. Guidelines are available from multiple sources, e.g. www.sans.org.
- diversity: see above

Automation system zone

- connection authentication:
  - switched Ethernet: see above
  - intelligent connection switch/monitor: As the information and message flows between the devices in an automation system may be deterministic and well defined at system configuration time, this information can be used by a connection monitor to determine the legitimacy of a message, not just based on the general parameters conventional firewalls use, but also using criteria such as message size, frequency, and correctness of interaction sequences. Non-conforming messages can be suppressed and/or alarms raised.
  - mutual device authentication: As all communication partners and message flows are known, it is possible to require mutual authentication of each communication relationship at run-time.
- action authentication:
  - application level firewall: The automation zone network interfaces with the station level network only at a small number of locations. As the purpose, the software applications, and the topology/configuration of the automation system are well-known, this interface can be implemented by an application level firewall which prevents direct interactive access ("log-in") to the automation devices and screens messages passing the interface for validity based on domain-specific criteria. Illegitimate or invalid messages can be suppressed and alerts can be raised.
- intrusion detection:
  - intelligent connection switch/monitor: see above
  - application level firewall: see above
  - malicious activity detection/suppression protocol: Network-based electronic attacks originating from malicious devices in an automation system can be categorized as either message injection, modification, or suppression. A suitable communication protocol [4] can reduce these three categories to message suppression, which can in many cases be regarded as a system failure that conventional fault-response mechanisms can handle.
- response:

    - system isolation: see above
    - switching to backup IT infrastructure: see above
    - automated, periodic reinstallation: see above
    - activation of safety mechanisms: If the attack endangers the safety of the plant, standard safety mechanisms such as reverting to manual operation or emergency shutdown are activated to protect plant equipment and environment.
- mechanism protection:
    - switched Ethernet: see above

5 Conclusion

Today network-based attacks on automation systems are both technically feasible and likely.

Arguments have been presented why a defense-in-depths approach with layered mechanisms is a better strategy for securing systems than the often-used approach of placing a security "wall" around the system and leaving the inside unchanged.

As a reference model for security architecture discussion a generic three layer defense zone model has been presented, and the conventional and automation system specific arsenal of security mechanism has been surveyed and mapped to these zones

References

1. CIAO. Practices for securing critical information assets. Technical report, US Critical Infrastructure Assurance Office, Jan 2000.
2. IEEE-USA. Legislative agenda for the 107th congress, 2000.
3. Susan C. Lee and Clay Shields. Technical, legal and societal challenges to automated attack traceback. *IEEE IT Professional*, May/June:12–18, 2002.
4. Martin Naedele, Dacfey Dzung, and Michael Stanimirov. *Computer Safety, Reliability and Security (Proceedings Safecomp 2001)*, volume 2187 of *LNCS*, chapter Network Security for Substation Automation Systems. Springer, 2001.
5. Paul Oman, Edmund Schweitzer, and Deborah Frincke. Concerns about intrusions into remotely accessible substation controllers and scada systems. Technical report, Schweitzer Engineering Laboratories, 2000.
6. Ray Pospisil. The next Y2K? *Utilities IT*, Jan/Feb 2000.
7. C. Rigney, S. Willens, A. Rubens, and W. Simpson. Remote authentication dial in user service (RADIUS): RFC2865, June 2000.
8. Winn Schwartau. *Time based Security*. Interpact Press, 1999.
9. Erik Sherman. Terror's next target? - Networks - Critical U.S. information systems are full of holes that could be exploited by attackers living half a world away. *Newsweek*, 15 Oct 2001.
10. Tony Smith. Hacker jailed for revenge sewage attacks. The Register, http://www.theregister.co.uk/content/4/22579.html, Oct 2001.
11. Gene Spafford and Simson Garfinkel. *Practical Unix and Internet security*. Reilly, 1996.

Bedrohungsszenarien und Gegenmaßnahmen im Dialogsystem IRC

Jochen Kaiser

Regionales Rechenzentrum der Universität Erlangen-Nürnberg
Martensstraße 1, 91058 Erlangen
jochen.kaiser@rrze.uni-erlangen.de
kind@IRCNET

Dialogsysteme im Internet werden seit geraumer Zeit mit DDOS (Distributed Denial of Service) Attacken belegt. Noch stärker als http-Server sind hierbei Internet Relay Chat (IRC) Systeme betroffen. Diese Attacken erreichen eine Qualität, mit der nicht nur das angegriffene System vom Internet abgeschnitten, sondern unter Umständen eine ganze Institution vom Internet getrennt wird. Das System IRC bietet seinen gegenwärtig durchschnittlich 120.000 gleichzeitig agierenden Benutzern[1] eine Plattform, aufgrund derer unter Bedingungen kommuniziert werden kann, die Echtzeitaspekten nahe kommen. Alarmiert durch die DDOS-Attacken findet ein Umdenken sowohl im Betrieb und der Absicherung der IRC-Server, als auch bei der Programmierung der IRC-Serversoftware statt. Serverbetreiber versuchen ihr Netzwerk von DDOS-Attacken zu schützen und Programmierer ändern das System dahingehend, dass vorhandene DDOS Attacken zu keinen Vorteilen für den Angreifer führen und die Auswirkungen auf das Gesamtsystem neutralisiert werden.

Einführung

Viele Automatisierungssysteme haben mittlerweile einen Zugang zum Internet. IRC als echtzeitnahes System leidet seit geraumer Zeit an DDOS Attacken und nimmt hier leider eine Vorreiterrolle ein. Entsprechend gut untersucht sind die Auswirkungen der Attacken, als auch die Gegenstrategien. Die Anwendung IRC soll hier dazu dienen, beispielhaft für andere Systeme sowohl die Methoden der Angreifer aufzudecken, als auch abstrakte Gegenmaßnahmen zu beschreiben. Die Erfahrungen, die in diesem Artikel dargestellt werden, wurden auch am Regionalen Rechenzentrum der Universität Erlangen-Nürnberg gesammelt. Sowohl im Bereich der DDOS-Attacken als auch im Bereich Computersicherheit wurde die Universität zunächst unvorbereitet getroffen. Nach Auswertung der Erfahrungen konnte der Sicherheitsstandard sukzessive und parallel mit der steigenden Intensität der Attacken erhöht werden. Sowohl die Konfiguration als auch die Topologie des Netzwerks konnten so verändert werden, dass die Universität den heutigen Problemen gegenüber gewappnet ist.

---

[1] IRCNET, Stand August 2002

Einführung in das IRC System

Bei IRC handelt es sich um ein verteiltes System zur Echtzeitkommunikation. Ein Benutzer kann darüber mit anderen Nutzern in Kontakt treten und „getippte" Dialoge austauschen. Um an dem System teilnehmen zu können, müssen Nutzer IRC-Clientsoftware verwenden. Diese existiert für nahezu alle möglichen Betriebssysteme und Architekturen. Der Client baut eine Verbindung zu dem – netztopologisch betrachtet – nächsten IRC-Server auf[2]. Ein Benutzer wählt zu seiner eigenen Kennung im IRC-Netzwerk einen eindeutigen Bezeichner „Nickname". Im IRC-System existieren virtuelle Orte, die im Fachjargon als „Channel" bezeichnet werden. Diese IRC-Chaträume bieten Nutzern die Möglichkeit, ähnlich einer Multicastinggruppe zu kommunizieren, obwohl die Nutzer organisatorisch zu anderen Servern desselben IRC-Netzwerks verbunden sein können. Eine in den Channel getippte Nachricht, wird als Broadcast an alle anderen Teilnehmer in diesem Channel versendet. Andere Benutzer, die nicht in diesem virtuellen Treffpunkt sind, bekommen von dieser Nachricht nichts mit. Ein Benutzer kann sich in mehreren Channels gleichzeitig unterhalten und daneben auch private Dialoge zu einzelnen Nutzern führen. Prinzipiell ist ein IRC Netzwerk anonym. Bei großen erfolgreichen Netzwerken werden die Nutzer nicht authentisiert und nur in begrenztem Umfang autorisiert[3]. Die Freiheit, in der Weite der Nutzer unterzugehen, macht den Erfolg dieses Kommunikationsmediums aus. Es ist Nutzern aber auch möglich, das System anonym zu stören. Es ist z.B. möglich, das IRC-Netzwerk zu benutzen, ohne dass ein Administrator des IRC Netzwerks oder andere Nutzer dies eindeutig erkennen können.

Abbildung 1 - ein IRC Client für Unix Systeme

---

[2] der passende IRC-Server wird i.d.R. manuell ausgewählt. Durch Round-Robin DNS Systeme kann dieser Prozess für den Nutzer komfortabel gestaltet werden.

[3] in der Regel ist für jede IP-Adresse definiert, wie viele Verbindungen erlaubt sind. Es besteht ebenso die Möglichkeit, ganze Bereiche von IP-Adressen auszuschließen.

Abbildung 1 zeigt einen IRC-Client für UNIX-Systeme. Die Benutzeroberfläche des Clients ist so aufgebaut, dass oben die Sitzung angezeigt wird und in der untersten Zeile Dialoge oder Kommandos eingegeben werden können.

Sowohl Nicknames als auch IRC-Chaträume sind nur solange gültig, solange sie auch tatsächlich benutzt werden. Bei Nicknames endet die Gültigkeit dann, wenn kein IRC-Client mehr den Nickname belegt. Bei IRC-Chaträumen endet sie damit, dass kein Nickname mehr in ihnen verweilt. Beide können grundsätzlich nicht reserviert werden[4].

IRC-Server formen ein IRC-Netzwerk

Einzelne IRC-Server können sich zu einem Netzwerk organisieren, das netztopologisch eine möglichst große Fläche abdeckt. Hierbei wird ein Graph aufgebaut, der hierarchisch organisiert[5] werden kann. Zur Realisierung der Wegefindung besitzt ein IRC-Server zwei Tabellen. Die eine verzeichnet, welcher Nickname auf welchem Server zu finden ist. Die andere beschreibt die aktuelle Netztopologie[6]. Über diese Mechanismen können einzelne Nachrichten ihr Ziel finden. Es werden hierbei nur die Nachrichten an die Server geroutet, welche entweder den Nickname betreffen oder eine Routingfunktion für den Server erfüllen, die den Nickname enthält.

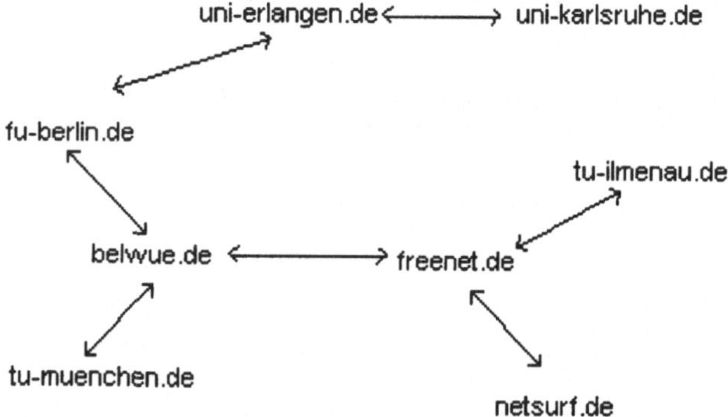

Abbildung 2 - Das IRC Routing im *.de Teil des IRCNET

---

[4] Ausnahmen hierzu werden später beschrieben.

[5] Das Kriterium zur hierarchischen Organisation ist hierbei die Top-Level-Domain.

[6] Diese Netztopologie ist dynamisch. IRC-Server besitzen in ihrer Konfiguration eine Liste mit akzeptierten Servern. Wird ein IRC-Server gestartet, so wird diese Liste sequentiell abgearbeitet und ein Server zum Verbinden gesucht. Verbindungen müssen autorisiert und authentisiert werden.

Um die Routing-Tabellen aktuell zu halten, wird jeder neu hinzukommende Server von dem Server an das bestehende IRC-Netz gemeldet, der die neue Serververbindung annimmt. Hiermit ist den anderen Servern der neue Server, seine etwaigen Leaf-Server und die Route dorthin bekannt.

In einem nächsten Schritt werden gegenseitig die Nicknames und die Chaträume propagiert. Dies geschieht rekursiv über "Fluten" dieser Nachrichten von dem Server aus, der diese beherbergt hat, an alle seine direkt verbundenen Server. Ebenso wird an alle anderen Server gemeldet, wenn ein Nickname das IRC verlässt oder die Existenz eines Chatraums erlischt.

Echtzeitaspakte von IRC-Systemen

IRC-Server verwenden für die Einhaltung der Echtzeiteigenschaften keine zeitstempelbasierten Mechanismen. Es wird daher keine harte Echtzeit garantiert. Die Einhaltung von weichen Echtzeiteigenschaften wird durch die Verwendung von Send-Buffern für ausgehende Nachrichten implementiert. Die Größe dieser Buffer kann entweder für einzelne Systeme oder klassenbasiert definiert werden. Läuft ein Buffer über (z.B. weil das entfernte System die Nachrichten nicht mehr abbauen kann), wird die Verbindung geschlossen und der entsprechende Buffer gelöscht[7] Neben den Buffern existiert ein zweiter Mechanismus, der garantiert, dass die Zustellung von Nachrichten eine relative Obergrenze nicht überschreitet. Dieser Mechanismus sendet in regelmäßigen Abständen an die direkt verbundenen Systeme auf Applikationsebene eine Echo-Anforderung, die innerhalb einer bestimmten Zeit beantwortet werden muss. Geschieht dies nicht, so werden die TCP-Verbindungen zu diesen Systemen beendet und die Buffer gelöscht. Handelt es sich hierbei um eine Server-Server-Verbindung, so sind fortan alle weiteren Server und Clients, welche vorher über die beendete Verbindung erreichbar waren, nicht mehr verbunden. Das Netz ist nun partitioniert – das Phänomen wird bei IRC-Systemen als „Split" bezeichnet.

Partitionen eines IRC-Netzwerks

Ein wesentlicher Qualitätsaspekt des IRC Systems ist die Möglichkeit, dass bei einer Störung des zugrundeliegenden IP-Netzwerks Partitionen des IRC-Netzwerks unabhängig voneinander existieren können. Die IRC-Server in den einzelnen Partitionen sind dann voll funktionsfähig, mit der Einschränkung, dass vorläufig Nutzer in verschiedenen Netzwerken nicht miteinander kommunizieren können. Abbildung 3 zeigt so eine Partition. Nach dem Wegfall der Störung können die IRC-Server nun wieder Verbindungen zueinander aufbauen und sich zu einem größeren IRC-Netzwerk formen. Da die einzelnen Partitionen des IRC-Netzes eine gewisse Zeit unabhängig voneinander existiert haben, können nun Inkonsistenzen bezüglich der Belegung von Nicknames und der Attribute von IRC-Chaträumen bestehen.

---

[7] Ein Buffer wird mit einer neuen Verbindung erneut angelegt.

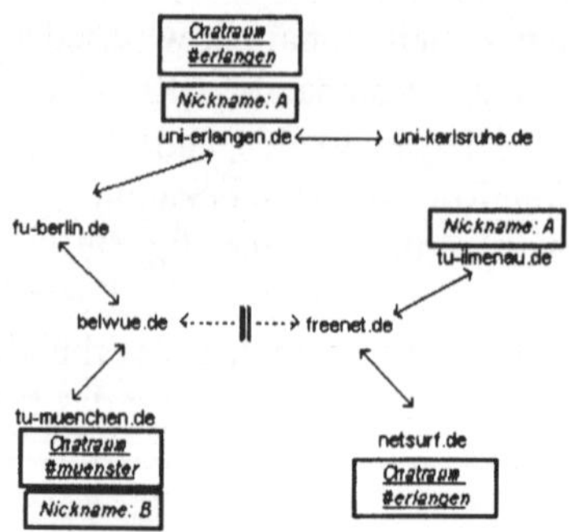

Abbildung 3 - ein IRC Netz im Split

Angriffe auf IRC-Nicknames

Wie zuvor beschrieben, besitzt jeder Benutzer einen eindeutigen Nickname. Ein geteiltes IRC-Netzwerk kann derart ausgenutzt werden, dass auf verschiedenen Teilen des IRC-Netzwerks, die gleichen Nicknames von unterschiedlichen Benutzern verwendet werden. Missbräuchlich genutzt, kann das zu folgendem Ergebnis führen:

1. Durch gezielten Einsatz von DDOS-Methoden wird ein IRC-Netzwerk partitioniert. Es werden zwei passende Partitionen erzeugt.
2. Auf Partition zwei werden die gleichen Nicknames erzeugt die auch schon auf Partition eins vorhanden sind.
3. Die Attacke wird gestoppt, die Netze vereinen sich und die Clients mit den betroffenen Nicknames werden vom Netz getrennt.

Durch diese Form der Attacke können sehr einfach und sehr schnell eine größere Anzahl von Nutzern durch einen anderen Nutzer entfernt werden. Es findet sozusagen eine DDOS-Attacke auf einen IRC-Server statt, um eine DOS-Attacke auf einzelne Benutzer durchzuführen.

Angriffe auf IRC-Chat-Räume

Das eigentliche Ziel von DDOS-Attacken können neben dem Besitz von Nicknamen auch sein, die Verteilung der Privilegien in IRC-Chaträumen zu ändern. Hierbei geht es grundsätzlich darum, einen sog. Operatorstatus in einem IRC-Chatraum zu bekommen, mit dessen Hilfe dann die Attribute dieses Raumes verändert werden können. Diese Attribute bestimmen, wer den Raum betreten kann und wer aktiv (oder nur passiv) teilnehmen darf. Es kann der IRC-Chatraum sogar für alle anderen Teilnehmer geschlossen werden.

Um letztlich „Besitzer“ z.B. des IRC-Chatraums #erlangen zu sein, verfolgt der Angreifer folgenden Plan:

1. durch eine DDOS-Attacke auf einen IRC-HUB wird eine Partition (Split) des IRC-Netzwerks erreicht
2. der Angreifer gründet den Chatraum #erlangen in einer anderen IRC-Partition, in der er noch nicht bekannt ist, neu[8].
3. Der Angreifer erhält vom System als Chatraum-Gründer die Privilegien für #erlangen
4. Der Angreifer wartet auf den Netjoin, bei dem sich das Netz wieder vereint und die Privilegien addiert werden. Der Nutzer hat nun Privilegien in #erlangen.
5. Er nutzt das Überraschungsmoment und ändert die Privilegien in dem vereinten Chatraum #erlangen, indem er alle anderen der Privilegien beraubt. Ebenso können die anderen Nutzer aus dem Chatraum #erlangen durch ein privilegiertes Kommando „kick" entfernt werden und danach der Raum für andere verschlossen werden.

Dieses Vorgehen wird als „kleines Kriegsspiel" im IRC-Netzwerk gesehen. Größere Konsequenzen hat es aber, wenn durch den Einsatz von DDOS-Attacken neben dem IRC-System auch andere Systeme in Mitleidenschaft gezogen werden.

DDOS-Attacken

Stellvertretend für die Vielzahl der möglichen Attacken auf die IRC-Server sollen hier zwei Formen beschrieben werden. Bei der ersten Methode handelt es sich um einen Mechanismus, der Pakete zum Zielsystem sendet, die dort Systemressourcen verbrauchen. In der Regel wird hierdurch versucht, das System so zu belasten, dass sein eigentlicher Dienst nicht mehr ausgeübt werden kann. Die zweite Methode hingegen basiert auf der Quantität der gesendeten Datenpakete, welche die Datenleitungen zum Zielsystem überlasten. Beide Attacken greifen auf das Prinzip „Spoofing" zurück. Hierbei handelt es sich um eine Methode, die die Absenderadresse der gesendeten Pakete verschleiert. Dadurch ist weder ein einfaches Aufspüren der Angreifer, noch ein einfacher Schutz (indem man einen vermeintlichen Verursacher topologisch schon recht nah aussperrt), nur mehr schwer möglich.

Solche Attacken werden in der Fach-Terminologie „Denial of Service" genannt. Handelt es sich um viele Systeme auf der Angreiferseite, die gleichgeschaltet sind und gemeinsam ein Ziel attackieren, spricht man von „distributed denial of Service"

Synfloods

Das bei TCP eingesetzte threeway handshake[9] erfordert, dass der Server, der einen TCP-Verbindungsaufbauwunsch (Syn-Paket) erhält, eine bestimmte Menge von Betriebsmitteln für diesen bereithalten muss. Die Funktionsweise eines Synfloods ist

---

[8] es existiert ein Verzögerungszeit, welche die Neugründung eines Channels eine gewisse Zeit lang verhindert. Da diese Zeit gering ist, kann sie hier ignoriert werden.

[9] Bezeichnung für einen ordentlichen Verbindungsaufbau einer TCP-Verbindung.

nun, möglichst viele Betriebsmittel dadurch zu binden, indem permanent neue Verbindungen aufgebaut werden und gleichzeitig die vom Server zurückkommenden *Syn,Ack-Pakete* ignoriert[10] werden. Damit wird erreicht, dass ein Server in einem Zustand verweilt, in dem die eben aufgebaute TCP-Verbindung für 511 Sekunden Betriebsmittel belegt, bevor sie serverseitig beendet wird. Rechnet man damit, dass ein System den gleichzeitigen Aufbau von 1024 Verbindungsaufbaus per Socket zulässt, so muss der Angreifer nur 2 Verbindungsaufbauversuche pro Sekunde starten, um alle Betriebsmittel zu binden [8]. Die Attacke erweist sich als sehr erfolgreich, um ungeschützte Systeme auf simple Weise an der Ausübung des eigentlichen Dienstes zu hindern.

Es existieren verschiedene Strategien, um die Auswirkungen von Syn-Floods zu beheben. Zum einen können

- mehr Betriebsmittel reserviert werden,
- Systemparameter, wie Timeouts für ausbleibende Syn,Ack-Pakete verringert werden
- Syn-Cookies verwendet werden.

Im Endeffekt jedoch kann jeweils der Angreifer seine Betriebsmittel für die Attacke leichter skalieren, als dies der Serverbetreiber kann. Das bedeutet, dass ein Angreifer bessere Möglichkeiten hat, Helfer-Systeme für seine Attacke im Internet zu finden, als der Serverbetreiber seinen Uplink ins Internet oder die Leistungsfähigkeit seines Servers nachrüsten kann. Somit bleibt die Attacke weiterhin erfolgreich.

Smurf-Attacken

Während Synflood-Attacken primär auf einzelne Endsysteme[11] gerichtet sind, ermöglichen es Smurf-Attacken, Netze anzugreifen und durch Überlastung der Bandbreite zum Erliegen zu bringen. Um eine Smurf-Attacke durchführen zu können, müssen zunächst sog. Broadcastreflektoren gesucht werden, was mit Suchprogrammen automatisiert werden kann. Diese Broadcastreflektoren zeichnen sich dadurch aus, dass alle teilnehmenden Systeme dieses Netzwerks auf Broadcast IP-Pakete reagieren. So kann ein Paket mit der Broadcastadresse des Netzwerks hunderte Rückantworten produzieren. Damit dies funktioniert, werden vom Angreifer „doppelt gespoofte" IP-Pakete versendet:

Angreifer *A* sendet mit gefälschter Absenderadresse *Z* Pakete an die Broadcastadresse des Reflektors *R*. Die Systeme des Netzwerks von *R* reagieren auf der Broadcastadresse von *R* und antworten alle einzeln, indem sie Pakete an die Zieladresse *Z* senden. Das ursprünglich gesendete Paket wird also multipliziert zurückgesendet.

Abbildung 4 ist die Skizze einer Smurf-Attacke.

---

[10] Dies kann auch mit Spoofing verbunden werden. Hierbei werden die Pakete mit einer falschen Absenderadresse gesendet. Diese kann auch pro Syn-Paket zufällig erzeugt werden. Das hat neben der Verschleierung für den Angreifer u.U. den Vorteil, dass dadurch weitere Betriebsmittel für IP-Routingstrukturen belegt werden müssen.

[11] Neben dem Endsystem können auch aktive Netzkomponenten (z.B. Router) auf dem Weg zum Ziel hin attackiert werden.

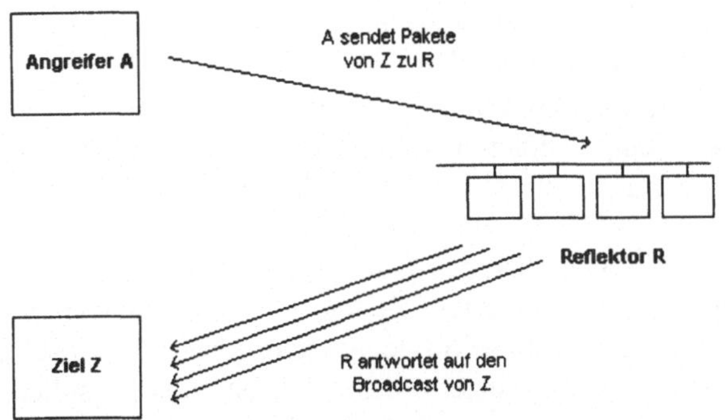

Abbildung 4 - Funktionsprinzip von Smurfattacken

Schutzmassnahmen

Schutzmassnahmen können sich am Kommunikationsverhalten oder an den Systemstrukturen orientieren.

Paketfiltermechanismen

Der Großteil der Ansätze basiert darauf, die Absenderadressen der Pakete, welche das Zielsystem erreichen können, durch einen Paketfilter einzugrenzen. Dieser kann entweder auf einem Router oder auf dem Endsystem realisiert werden. Doch auch bei Filtersystemen gibt es Unterschiede in der Quantität der Pakete, die abgearbeitet werden können. Beide Ansätze funktionieren nur dann, wenn die zuführenden Datenleitungen genug Bandbreite besitzen. Sind diese bereits durch eine Attacke überlastet, so müssen die Filtermechanismen „weiter oben“ in Richtung Uplink eingesetzt werden. Folgende grundsätzliche Möglichkeiten existieren:

- **softwarebasierte Paketfilter**
  Diese werden durch die CPU eines Systems (Router/Endsystem) abgearbeitet, mit der auch andere wichtige Systemaufgaben bedient werden. Bei einer Attacke, bei der viele Pakete gesendet werden, kann die CPU derart überlastet werden, dass sie zwar die Pakete abhält, aber ihren sonstigen Aufgaben (z.B. Routing) nicht mehr nachkommen kann.
- **hardwarebasierte Paketfilter**
  Diese arbeiten nach einem Prinzip, bei welchem die einzelnen Interfaces eines Routersystems autonom die Paketfilter abarbeiten können, ohne die CPU selbst zu belasten. Die Geschwindigkeit, in welcher die Paketfilter abgearbeitet werden, ist oft nicht messbar.
- **Syndefender**
  Neben den herkömmlichen Paketfiltern kann auch ein sog. Syndefender helfen. Von einem solchen System werden Syn-Attacken erkannt und abgefangen. Wird dies jedoch als Teil einer Router-Software implementiert, so kann dies wieder zu großer Belastung der System-CPU

führen und der Router ist nicht in der Lage, seine sonstigen Aufgaben (inkl. Routing) zu erfüllen.

- **Entkopplung der Filter**
  Durch eine Hintereinanderschaltung von Filtersystemen kann eine Verteilung der Last erreicht werden. So kann ein grober Filter, welcher Pakete von DDOS-Attacken aufhält, einen feingranularen Filter schützen, der für die Sicherheit des dahinterliegenden Netzwerks zuständig ist.

Auch wenn mit hardwarebasierten Systemen zumindest der Schutz in Echtzeit möglich ist, so funktioniert diese Strategie nicht generell bei IRC-Systemen, welche für eine breite Masse von Benutzern diesen Dienst anbieten sollen. Hier besteht die Möglichkeit, den Mechanismus der Regelerzeugung für den Paketfilter zu automatisieren. Im Beispiel IRC wird aus der RIPE-DB der Anteil der deutschen IP-Bereiche extrahiert und in Regeln für Paketfilter umgewandelt[12]

Da Paketfiltermaßnahmen nur begrenzt zum Erfolg führen, sind meist weitere Schritte notwendig. Dies kann in der Regel ein Paradigmenwechsel der Software sein. Beim IRC-System hat dieser Ansatz funktioniert. Um ihn anzuwenden, mussten folgende Schritte durchgeführt werden:

- Analyse der Angriffspunkte
- Entwickeln von Strategien, welche die Ausgewogenheit des Gesamtsystems erhalten
- Beheben der Auswirkungen von Attacken auf das IRC-Netzwerk

Die hier beschriebene Vorgehensweise hat sich bei IRC-Netzwerken als richtig erwiesen und weist bereits einige Erfolge auf. Die Strategien können zentral und dezentral greifen. Im Folgenden werden sie kurz beschrieben.

Zentrale Ansätze

Zentrale Ansätze implementieren einen zentralen Mechanismus, welcher aufsetzend auf einer Datenbank einen dort festgehaltenen Zustand wieder herstellt. Bei einem intakten System können solche Mechanismen ihren Zweck für das gesamte Netzwerk erfüllen. Liegt eine Partitionierung vor, so ist der zentrale Mechanismus nur in dem Teil des Netzwerks aktiv, das mit ihm verbunden ist. Dieses Verhalten motiviert Angreifer dazu, dass nicht mehr ein einzelner IRC-Server angegriffen wird, sondern direkt dieser zentrale Mechanismus. In diesem Fall ist er während der Attacke für das Gesamtsystem für den Schutz wertlos. Aufgrund dieses Nachteils ist der Einsatz eines zentralen Steuerungsmechanismus nur dann zu empfehlen, wenn er wirklich benötigt wird.

[12] zuzüglich etwaiger Einträge von nationalen IP-Bereichen, aus welchen Spoofing (s.o.) möglich ist.

Dezentrale Ansätze

Die dezentralen Ansätze hingegen befinden sich verteilt auf die einzelnen der Serversysteme. Sie beseitigen dadurch die Auswirkungen, welcher ein attackierter IRC-Server auf ein Gesamtnetzwerk haben kann. Durch die Verteilung der Schutzfunktion auf alle beteiligten System ist auch keine gezielte DDOS Attacke für den Angreifer mehr sinnvoll. Wird ein System attackiert, so bauen die Benutzer des attackierten Systems zu einem ähnlich konfigurierten System einfach eine neue Verbindung auf und können daher weiter kommunizieren. Beim IRC selbst sind die Ansätze im wesentlichen dadurch realisiert, dass durch den Einsatz von eindeutigen Präfixen für die Serversysteme die Eindeutigkeit im Namensraum hergestellt wird, selbst dann, wenn ein System partitioniert war und daher der Zustand in der jeweiligen Partition unterschiedlich ist. Bedingt durch die Eindeutigkeit des Namensraums treten auch keine Kollisionen mehr auf.

Schutz durch Redundanz

Durch die Anpassung der Konfiguration der einzelnen IRC-Systeme ist es den einzelnen Systemen möglich, die Aufgaben untereinander zu verteilen. So können sowohl Routingaufgaben, als auch Versorgungsaufgaben gegenseitig übernommen werden. In Verbindung mit den dezentralen Maßnahmen, welche das Gesamtsystem vor einzelnen inkonsistenten Serversystemen schützt, ist dank kooperativer Konfiguration der einzelnen Systeme ein Punkt erreicht worden, an dem eine Attacke auf ein einzelnes IRC-System nicht mehr die gleichen Probleme für das gesamte Netzwerk auslöst, wie noch vor Beginn der Maßnahmen.

Fazit und Ausblick

Der Artikel soll zeigen, dass durch konservative Sicherheitsmassnahmen wie Paketfilter, die für Echtzeitsysteme gravierenden DDOS Attacken nicht generell gelöst werden können. Die einzig derzeit praktikable Lösung ist eine Umgestaltung im Gesamtsystem derart, dass keine Vorteile durch den Missbrauch möglich sind. In einem dynamischen System wie z.B. im Kommunikationssystem IRC, welches bei Netzstörungen auch in Partitionen funktionieren, machen zentrale Mechanismen nur begrenzt Sinn. Es sind daher dezentrale Mechanismen vorzuziehen, welche trotz Trennung von einer zentralen Managementinstanz betrieben werden können.

Referenzen

[1] Clifford W. Mercer, An introduction to real-time operating systems: School of computer Science, Carnegie Mellon University, November 1992
[2] Jarkko Oikarinen, Darren Reed: RFC 1459 – Internet Relay Chat Protocol, Mai 1993
[3] Christophe Kalt: RFC 2810 – Internet Relay Chat: Architecture, April 2000
[4] Christophe Kalt: RFC 2811 – Internet Relay Chat: Channel Management, April 2000
[5] Christophe Kalt: RFC 2812 – Internet Relay Chat: Client Protocol, April 2000
[6] Christophe Kalt: RFC 2813 – Internet Relay Chat: Server Protocol, April 2000
[7] Jakub Vlasek,: IRCD 2.11 server to server protocol, http://utopia.pilsedu.cz/irc/211proto.txt
[8] Jonathan Lemon: Resisting SYN flood DoS attacks with a SYN cache, The Freebsd Project 1998

Mit PEARL gesteuerte Roboter im Rahmen eines Prozeßrechnerpraktikums

B. Boussoffara [1]

IAV-Gifhorn, Abt. AE-MD21
Nordhoffstr. 5, D-38518 Gifhorn

P. F. Elzer

Institut für Prozeß- und Produktionsleittechnik (IPP)
Technische Universität Clausthal (TUC)
Julius-Albert-Str. 6
38678 Clausthal-Zellerfeld, Deutschland
{elzer}@ipp.tu-clausthal.de

Zusammenfassung: Am IPP der TUC wird seit einigen Jahren ein Prozeßrechnerpraktikum aufgebaut und betrieben. Eine der Versuchsstationen in diesem Praktikum ist eine mit PEARL programmierte Förder- und Sortieranlage, die aus zwei Robotern und den zugehörigen Förderbändern besteht. Im vorliegenden Papier werden Funktionsweise und Aufbau dieser Anlage beschrieben sowie einige Erfahrungen dargestellt.

1 Das Prozeßrechnerpraktikum im IPP

Am IPP wird seit einigen Jahren ein Prozeßrechnerpraktikum (für Ingenieurstudenten im Hauptstudium) betrieben, das eine Modellfabrik mit folgenden Komponenten darstellt :

1 Förder- und Aussortieranlage mit kooperierenden Robotern,
2 Fertigungszelle,
3 Abwasserreinigung,
4 Energieversorgung,
5 Leitwarte.

Zweck dieses Prozeßrechnerpraktikums ist es, Studierende an Hand eigener Erfahrung in die verschiedenen Aspekte der Prozeß- und Betriebsdatenverarbeitung eines mit industrieüblicher moderner Leittechnik ausgestatteten Unternehmens einzuführen. Außerdem sollen sie mit verschiedenen Techniken der Prozeßsteuerung und -führung vertraut gemacht werden und die bei der Erstellung von Software für ein solches System wesentlichen Arbeitsprozesse aus eigener Anschauung kennenlernen. Dadurch sollen sie im späteren Berufsleben urteilsfähig werden in Bezug auf die relativen Vor- und Nachteile der verschiedenen Techniken. Abbildung 1 zeigt die Struktur dieser

1) Der Autor war im Rahmen seiner Tätigkeit als wissenschaftlicher Mitarbeiter am IPP Hauptverantwortlicher für das Gesamtkonzept des Prozeßrechnerpraktikums und für den Aufbau der Versuche 1, 4 und 5

Sein Aufbau entspricht in vereinfachter Form dem heute üblichen Hierarchiemodel der Prozeßleittechnik. Ein übergeordneter Betriebsleitrechner ist über ein schnelles Bussystem mit den dezentralen Leitstationen der untergeordneten Ebenen verbunden. Diese kommunizieren mit Hilfe lokaler Busse oder sonstiger geeigneter Peripherie mit den ihnen zugeordneten Teilprozessen. Sie können auch während der eigentlichen Versuchsabläufe als lokale Überwachungsrechner eingesetzt werden, um beispielsweise die Richtigkeit und Plausibilität von Ausgaben des jeweiligen lokalen Rechners an den Prozeß zu überprüfen und so Schäden an den Versuchsanlagen zu vermeiden. Schließlich ermöglichen sie den Zugriff auf Information aus anderen Teilprozessen, soweit diese für die Führung und Optimierung des jeweiligen Teilprozesses vor Ort notwendig ist.

Die unterschiedliche leittechnische Ausrüstung der einzelnen Versuche ist teils durch die technischen Gegebenheiten der jeweiligen Prozesse bedingt, teils wurde sie aus didaktischen Gründen gewählt, um die Studierenden möglichst praxisnah an verschiedenen Leittechniksystemen und Programmentwicklungsmethoden auszubilden.

Die Aufgaben der einzelnen Subsysteme sind etwa die folgenden:

1 Materialeingang, Bereitstellung von Rohmaterial: Hier werden Halbzeuge in Empfang genommen, geprüft, gegebenenfalls aussortiert und für die Fertigung bereitgestellt. Die Funktion wird dargestellt durch kooperierende Handhabungsautomaten (= "Roboter").

Leittechnik: IBM-kompatible PC's, PADROS-PEARL unter DOS, Interbus-S.

2 Fertigung: Diese wird dargestellt durch das Modell einer CIM-Anlage. Der Bearbeitungsvorgang besteht im Stempeln vorbereiteter Teile.

Leittechnik: Siemens SPS-S7-414 IFM, ASI-Bus als Aktor/Sensor Interface.

3 Wiederaufbereitung von Betriebsstoffen: Dieses Subsystem wird dargestellt durch eine Abwasserreinigungsanlage, die aus sicherheitstechnischen Gründen als Entsalzungsanlage ausgeführt ist.

Leittechnik: Siemens Prozeßrechner M7-400 mit Echtzeitbetriebssystem RMOS-32, 'C' mit Echtzeitergänzungen und WebCC, Aktor/Sensor Ankopplung direkt sternförmig.

4 Werksstromversorgung: Es wird angenommen, daß sie zur Abdeckung von Spitzenbelastungen oder als Notstromversorgung dient und deswegen häufiger an- und abgeschaltet werden muß. Sie wird realisiert durch einen Synchrongenerator.

Leittechnik: AEG SPS 'MODICON' AS-H827-103 mit Gould PC0984.

5 Zentrale Leitwarte: Dieser Komplex ist im Wesentlichen für zwei Aufgabenklassen vorgesehen:

- Überwachung des Gesamtsystems,
- Übungen zur Entwicklung von Mensch-Maschine-Schnittstellen.

Rechnerbasis: SUN-Workstations mit Grafiksystem "DV-Draw" und IBM-kompatible PC's mit Win-CC Modellfabrik und der zugehörigen Leittechnik.

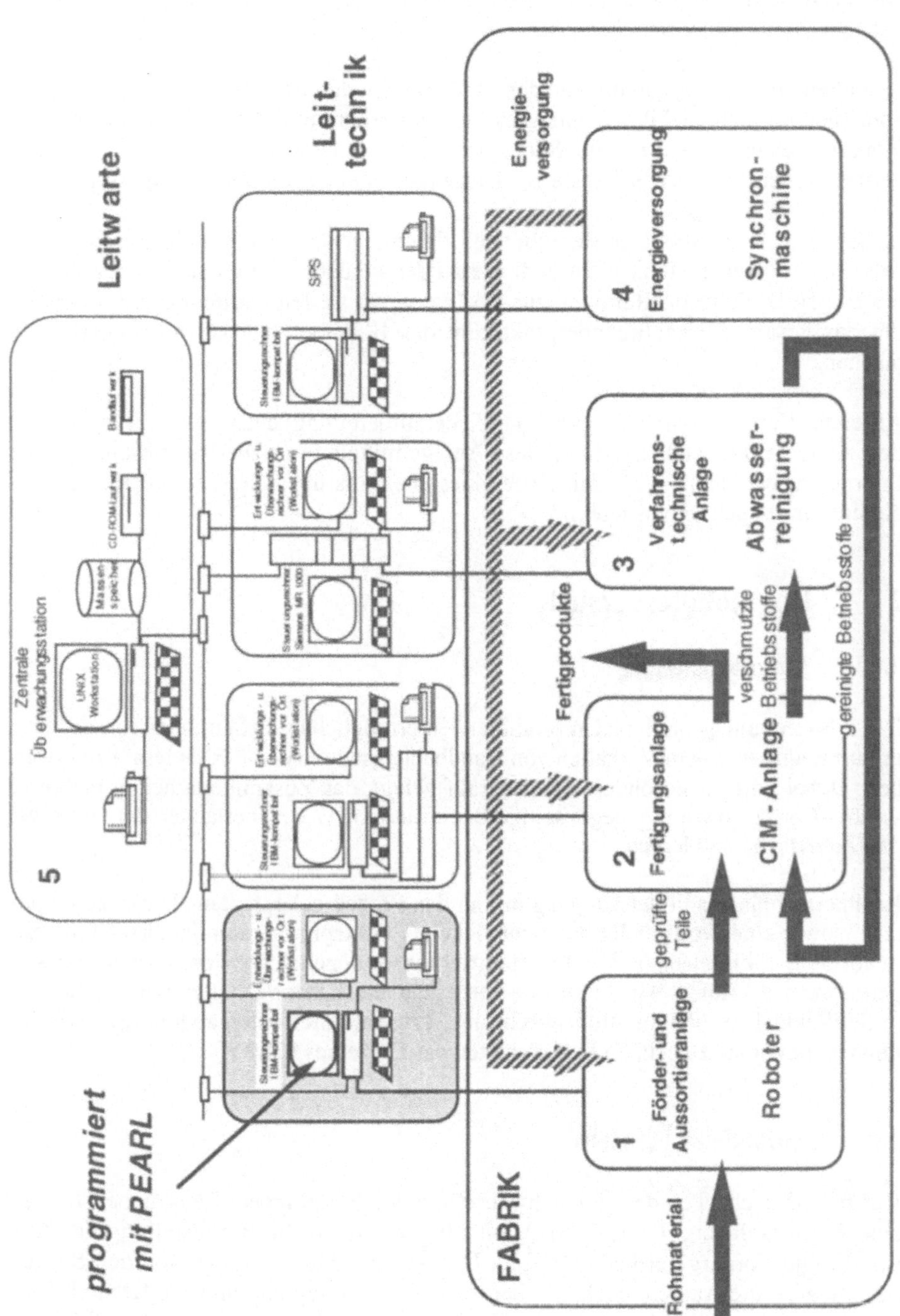

Abb. 1: Struktur des Prozeßrechnerpraktikums am IPP

Die Versuchsstationen sind untereinander und mit der Leitwarte durch Ethernet verbunden.

Anzumerken ist noch, daß die von den Studierenden durchzuführenden Versuche so konzipiert wurden, daß ihr Hauptzweck nicht im Programmieren einer vorgegebenen Funktion besteht, sondern in der Suche nach und dem Umgang mit - in der Praxis unvermeidlichen - Fehlern, seien sie mechanischer, elektrischer oder elektronischer Art.

Im Rahmen internationaler Bemühungen dahingehend, Lehrveranstaltungen durch den Einsatz "Neuer Medien" zu verbessern oder sie über Internet auch außerhalb der jeweiligen Bildungsinstitutionen zur Verfügung zu stellen, laufen derzeit Arbeiten, um das gesamte Prozeßrechnerpraktikum des IPP über Internet fernsteuerbar zu machen.

Als erster Versuch wurde Komplex 3 (Wiederaufbereitung) entsprechend ausgestattet. Seit August 2002 ist es möglich, diese Anlage mittels fernsteuerbarer Kameras über Internet zu beobachten und mit Hilfe eines ebenfalls über Internet aufrufbaren Bedieninterface auch fernzusteuern.

2 Der Roboterversuch

2.1 Aufgabenstellung

Diese Modellanlage soll es den Studierenden ermöglichen, Erfahrungen mit der Programmierung und dem Verhalten von Handhabungsautomaten ("Robotern") zu erwerben. Dabei wird insbesondere Wert darauf gelegt, das Zusammenarbeiten mehrerer solcher Geräte sowie ihre gegenseitige Beeinflussung (z.B. Überlappen der Greifräume) beherrschen zu lernen.

Rechnertechnisch soll der Umgang mit an den Prozeß gekoppelten "Personalcomputern" sowie einer vollständig durchentwickelten Echtzeitprogrammiersprache mit zugehörigem ("klassischen") Echtzeitbetriebssystem geübt werden. Außerdem soll geübt werden können, wie durch eine vorgeschaltete "Überwachungsstation", die eine mitlaufende Prozeßsimulation durchführt, Programmierfehler abgefangen werden können, bevor sie zu echtem Fehlverhalten des Prozesses führen [1, 2].

2.2 Aufbau des Versuchs

Der mechanische Teil des Versuchs besteht aus 7 Baugruppen. Baugruppen 1 und 2 sind Sortieranlagen, die zusätzlich mit Magazinen für die Bereitstellung der Ausschuß- und Fördergüter bestückt sind. Die Ausschußgüter werden von den Sortierschiebern in die Ausschußbehälter befördert, die Fördergüter zum Förderband. Baugruppe 3 ist ein Förderband, das die Fördergüter von den Baugruppen 1 und 2 übernimmt und an einen Übergabepunkt bringt, von dem sie der Roboterarm der Baugruppe 4 greifen kann. Dieser transportiert die Fördergüter zu einem Übergabeplatz (Baugruppe 5), auf den der Roboterarm der Baugruppe 6 zugreifen kann. Die Baugruppe 6 kann nun die Fördergüter auf die beiden Ablagen der Baugruppe 7 verteilen. Aus Kostengründen wurden die Roboter, Sortieranlagen und Förderbänder in Fischertechnik ausgeführt. Abbildung 2 gibt einen schematischen Überblick, Abbildung 3 zeigt ein Foto des ausgeführten Aufbaus.

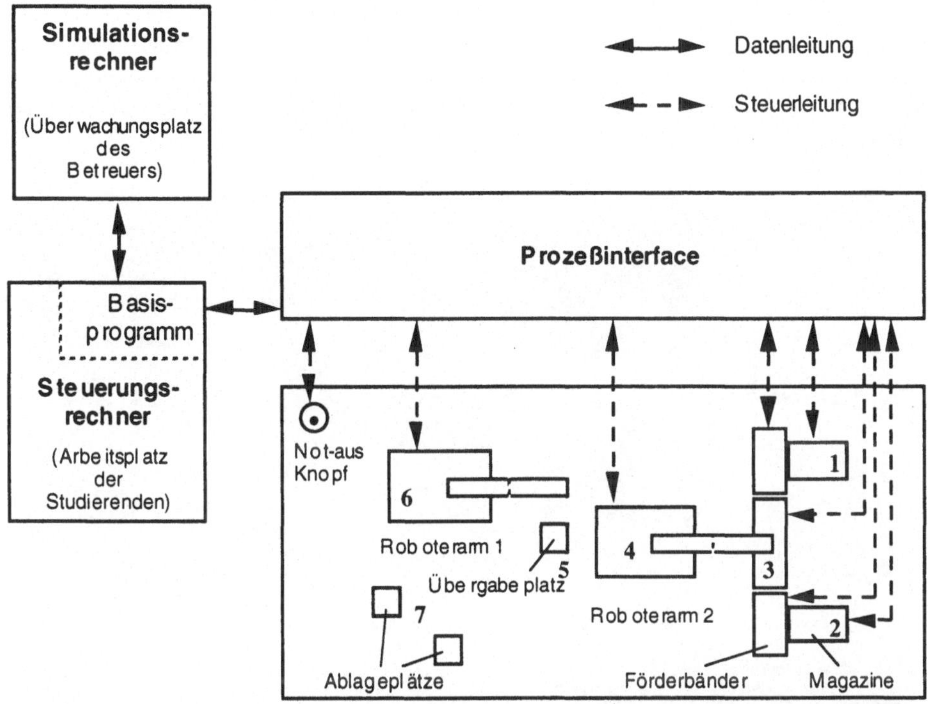

Abb. 2: Schematischer Aufbau des Versuchs

Abb. 3: Ansicht der Sortieranlage

2.3 Die Leittechnik

Da von vornherein feststand, daß der Versuch mit PEARL [3] programmiert werden sollte, mußten Hard- und Software der Leittechnik dafür geeignet ausgewählt werden.

Für den Steuerungsrechner kam aus Kostengründen nur ein PC in Frage. Vorherige Abschätzungen des Datenaufkommens und der notwendigen Steuerungsleistung ergaben auch, daß an dessen Leistung keine allzu hohen Anforderungen gestellt werden mußten.

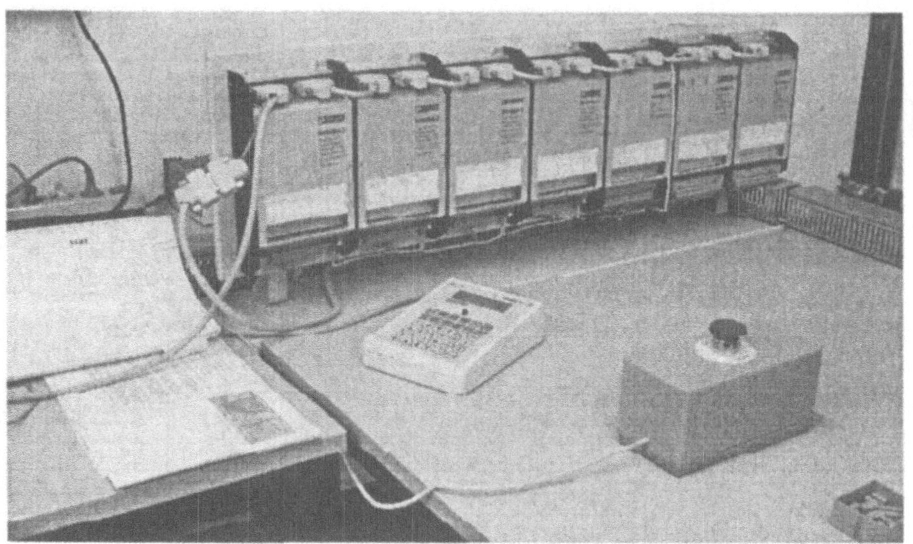

Abb. 4: Die Steuerelektronik

Als Prozeßinterface wurde das "Interbus-S" System der Fa. Phoenix-Contact [4] ausgewählt, da dafür bereits Treiber für das verwendete PEARL-Betriebssystem existierten. Dadurch konnte sehr viel Entwicklungsaufwand eingespart werden. Von der Leistungsfähigkeit her gesehen erwies es sich als mehr als ausreichend.

Als Prozeßperipherie wurden 4 Analogausgabekarten mit je 4 Kanälen, eine Digitalausgabekarte mit 32 Kanälen und zwei programmierbare Zähler benötigt.

2.4 Das Softwarekonzept

Für die Programmierung der studentischen Aufgaben wurde der PADROS-PEARL Compiler [5] der F. Kabe-Datentechnik, Paterborn, ausgewählt, ein Full PEARL Compiler gemäß DIN 66253. Er ist auf einem PC unter DOS lauffähig.

Die im Praktikum verfügbare Stundenzahl ist aber nicht ausreichend, um von den Studierenden verlangen zu können, daß sie lediglich unter Verwendung des Compilers, des Betriebssystems und der Treiberroutinen Programme zur Ansteuerung der Roboter schreiben, die eine mehr als triviale Funktionalität aufweisen. Außerdem mußte die Mechanik des Versuchs vor völlig falschen Steueranweisungen geschützt werden, die zu einer Beschädigung oder Zerstörung hätten führen können.

Es wird deshalb ein Basisprogramm dazwischengeschaltet, das folgende Hilfsfunktionen zur Verfügung stellt:

- Verwaltung und Überwachung der Prozeßdaten,
- Ansteuerung des Treibers für das Bussystem und Kommunikation damit,
- Kommunikation mit dem Simulationsrechner,
- Kommunikation mit dem Steuerungsprogramm der Studenten.

Abbildung 5 gibt einen Überblick über den Aufbau des Schnittstellenmoduls und der darin möglichen Daten- und Kontrollflüsse. Die den Studierenden zugänglichen drei Daten- und Kontrollpfade sind benannt. Es wird daraus ersichtlich, daß es gelungen ist, eine saubere Trennung zwischen Benutzerprogrammen und dem Kernsystem zu realisieren.

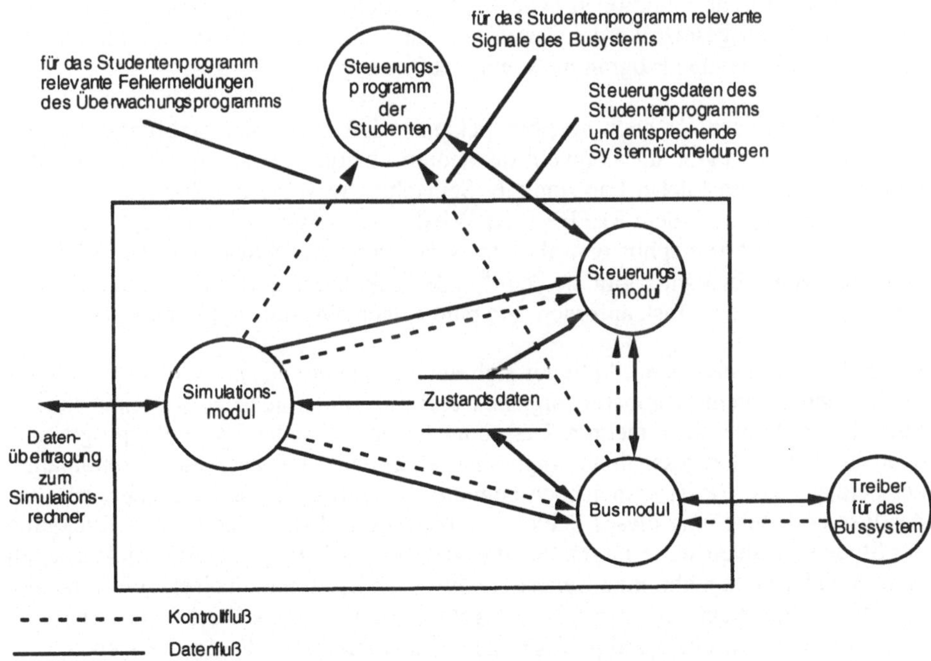

Abb. 5: Softwarestruktur des Schnittstellenmoduls im Roboterversuch

Die Benutzer (=Studierende) erhalten zwar sowohl vom Busmodul als auch vom Simulationsmodul die für die Funktion ihrer Programme nötigen Signale, können aber nur über einen einzigen Pfad Befehle und Steuerparameter absetzen. Wird z.B. ein Befehl gegeben, der eindeutig falsch ist (z.B. einen Motor laufen zu lassen, obwohl der Endanschlag schon erreicht ist), so ist das Busmodul in der Lage, solche Befehle zu ignorieren und eine entsprechende Fehlermeldung an das Benutzerprogramm zu übermitteln. Im Wiederholungsfall kann sogar das Benutzerprogramm zwangsweise unterbrochen werden, da es dann mit Sicherheit einen schweren Fehler enthält.

3 Erfahrungen

Diese lassen sich in zwei Klassen einteilen:

a) technische
b) didaktische

Aus **technischer Sicht** ist wenig zu sagen. Es gab kaum grundsätzliche Probleme. Die, die es gab, können als "branchenüblich" bezeichnet werden.

So gab es z.B. Schwierigkeiten bei der Beschaffung von Treibersoftware für die Zählermodule. Diese war nicht für PEARL lieferbar. Das IPP mußte sie über einen Drittanbieter beschaffen. Es handelte sich dann aber leider um eine "schnell gestrickte" Lösung, die mehr oder weniger stabil lief. Dadurch entstand eine Zeitverzögerung von ca. einem Jahr (Test, Redesign und Einbinden in der vorhandenen Struktur).

Dann gab es Probleme mit dem damaligen PEARL-Compiler. Darin waren verschiedene mathematische Funktionen nicht implementiert, da die Verwendung eines Co-Prozessors vorausgesetzt wurde. Daraus ergaben sich gewisse Probleme mit der Eleganz der resultierenden Programme sowie Laufzeitengpässe.

In PEARL-Kreisen ist auch weithin bekannt, daß gewisse Kombinationen von Sprachkonstrukten gibt, die - obwohl sie theoretisch erlaubt sind - zu Schwierigkeiten führen können. Ein solcher Fall sind z.B. Semaphore in WHILE-Schleifen. Wenn die erste Anweisung nach dem REPEAT der WHILE-Anweisung eine Semaphoreanweisung ist und der Semaphor erst als letztes vor der END-Anweisung der WHILE-Schleife freigegeben wird, gibt die betreffende Task diesen Semaphor nicht frei, auch wenn ihn eine andere Task anfordert. Sie müßte dann eine höhere Priorität haben.

In der Peripherieelektronik befindet sich auch bis heute ein nicht identifizierbarer Fehler, der zu nicht erfaßbaren Signalen und manchmal auch zu Systemabstürzen führt. Dieser Fehler kann mehrere Ursprünge haben: entweder die Treiberprogramme oder die dazwischengeschaltete Anpassungselektronik oder auch eine Kombination der beiden. Das IPP ist immer noch bemüht, Studenten für diese Aufgabe, nämlich Analyse und Behebung dieses Fehlers, zu begeistern. Durch den starken Rückgang der Studentenzahlen seit 5 Jahren und das vielfältige Überangebot an Projektarbeiten ist dies leider nicht mehr ohne weiteres realisierbar. Es kommt noch erschwerend hinzu, daß der Ingenieurmarkt zu sehr "leergefegt" ist, um solche Projekte an einer Universität weiterentwickeln und perfektionieren zu können. Aus diesen Gründen und zusätzlich zu den eingangs erwähnten Schwierigkeiten ergaben sich noch vielfältige Verzögerungen bei der Fertigstellung der Versuchsanlagen, die sich aufsummiert haben.

Das Gesamtprojekt wird aber weiter vorangetrieben. So laufen z.Zt. Bestrebungen, um den dargestellten Roboterversuch in ein institutsübergreifendes "Roboterpraktikum" des informationstechnischen Zentrums (ITZ) der TUC einzugliedern.

Schließlich möchten die Autoren noch kurz ihre Erfahrungen aus **didaktischer Sicht** wiedergeben. Hier haben sich im groben zwei Gruppen von Studenten herauskristallisiert. Diese Gruppen unterscheiden sich in den folgenden Punkten:

1 Motivation: Die Reaktion der Studenten ist beim Auftreffen auf Schwierigkeiten unterschiedlich. Die eine Gruppe ist so hoch motiviert ("verbissen"), daß sie auf jeden Fall eine Lösung finden will. Bei diesen Studenten haben bisher Zeit und Aufwand keine Rolle gespielt. Sie wollen unbedingt eine Lösung für ein aktuelles Problem finden.

   Die andere Gruppe stellt genau das Gegenteil dar. Sie beschweren sich, wenn nicht alles perfekt läuft und sie ihre "Hausaufgaben" mit dem minimalen Zeitaufwand erledigen können. Bei dieser Gruppe hilft es manchmal nicht einmal, sie durch die Betreuer zu motivieren.

2 Innovationsfreude: Auch hier gibt es diese starke Trennung. Eine Gruppe versucht ständig, neue und elegantere Lösungen zu finden. Sie sind um eigenständige Lösungen bemüht, auch wenn manchmal ein praktikabler Lösungweg von den Betreuern vorgeschlagen wird.

   Die andere Gruppe sucht stets nach "Schema F"-Lösungen, die mit den Ergebnissen der Vorgänger direkt vergleichbar sind. Das bedeutet nicht einmal, daß sie die Ergebnisse abschreiben wollen, sie möchten vielleicht nur "auf der sicheren Seite bleiben".

Aber das ist ja im menschlichen Leben auch nicht ganz unbekannt - oder?

Ganz zum Abschluß soll noch ein aus Sicht der Hochschule sehr positiver Effekt erwähnt werden: das Prozeßrechnerpraktikum hat sich bereits im Aufbau als ein wesentlicher Beitrag zur Ausbildung herausgestellt. So wurden im Rahmen der Aufbauarbeiten bisher insgesamt 8 Studien- und Diplomarbeiten daran durchgeführt, die durchaus praxisrelevant im Sinne der Auslegung und Inbetriebnahme moderner Leittechnik waren. Und der Aufbau ist noch nicht abgeschlossen.

4 Literaturhinweise

[1] Barth, U.: Planung und Entwurf eines automatisierten Förder- und Aussortierverfahrens; Studienarbeit, Institut für Prozeß- und Produktionsleittechnik der TU Clausthal (1993)

[2] Lemke, D.: Entwicklung von Hard- und Software einer Förder- und Aussortieranlage nach vorgegebenen Spezifikationen; Diplomarbeit, Institut für Prozeß- und Produktionsleittechnik der TU Clausthal (1993)

[3] Frevert, L.: Echtzeit-Praxis mit PEARL; B. G Teubner, Stuttgart (1985)

[4] Phoenix Elektrizitätsgesellschaft: Katalog Nr.75, INTERBUS-S (1990)

[5] Reißenweber, B.: Padros-PEARL Handbuch, Paderborn (1990)

XML-basierte Feldbusdiagnoseoberfläche für RTOS-UH

Jan Bartels
Thomas Illbruck
ATR Industrie-Elektronik GmbH & Co. KG
Textilstraße 2
41751 Viersen

Fabian Elbert
Fachhochschule Münster/Steinfurt
Labor für Prozessinformatik
Stegerwaldstraße 39
48565 Steinfurt

1 Einleitung

Im Rahmen der Umstellung auf eine teleservicefähige Systemumgebung [1] soll die neue XML-basierte Browseroberfläche die bisher eingesetzte grafische Oberfläche für den Vorort-Service bzw. die textbasierte Oberfläche für den Modemsupport ablösen. Dazu muss die Oberfläche folgende Funktionen zur Verfügung stellen:

- Anzeige der Konfigration von Feldbussen (Interbus-S), VMEbus-Ein-/ Ausgabekarten sowie von Netzwerksignalen
- Darstellung des Betriebsszustands und eventueller Fehlerorte
- Bedienmöglichkeiten zum Ein- und Ausschalten von Feldbusteilen im Service- bzw. Fehlerfall
- Onlinedarstellung von Prozesswerten an den Ein- und Ausgängen
- Vorgabemöglichkeiten von Ein- und Ausgabewerten (Forcen)

Die Realisierung der Diagnoseoberfläche gliedert sich somit in einen Programmteil, der die quasistatische Konfiguration darstellt, sowie einen dynamischen Teil, der den Zustand, die Prozesswerte sowie die Bedienkommandos bearbeitet (Datenserver). Die Konfiguration der Oberfläche soll aus bereits vorhandenen Informationen automatisch abgeleitet werden [2]. Die Implementierung des neuen Systems erfolgt unter dem Echtzeitbetriebssystem RTOS-UH, das über einen integrierten Webserver verfügt. Abbildung 1 zeigt das Konzept.

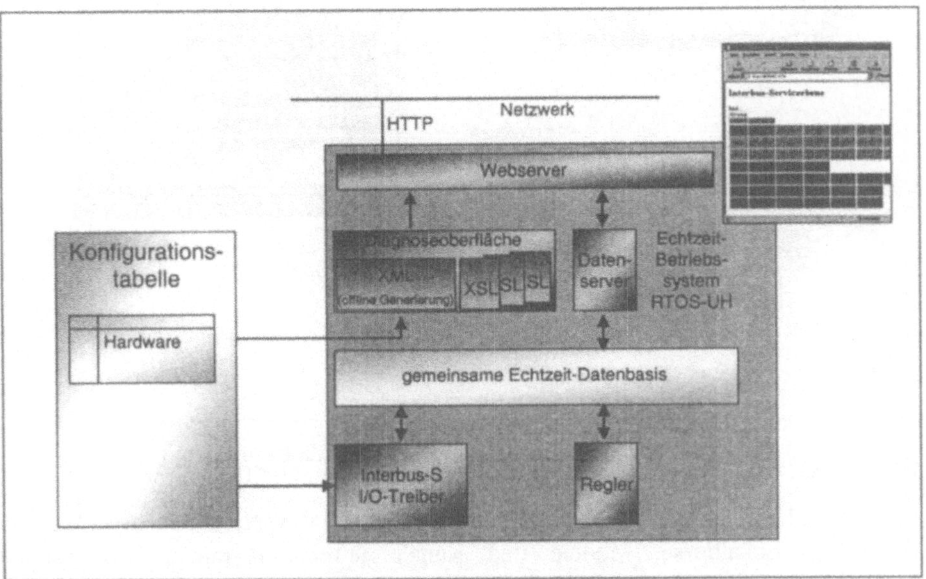

Abbildung 1: Konzept der XML-Diagnoseoberfläche

2 XML-Darstellung des Interbus-S

Der Feldbus Interbus-S besteht aus (VMEbus-)Einsteckkarten, den so genannten Controllern, die den Busverkehr steuern. Über den Fernbus sind die Lokalbusse angeschlossen, die dezentral in der Anlage montiert sind. Ein Lokalbus besteht aus mehreren Ein-/Ausgabemodulen, die typischerweise etwa 4 Kanäle bei Analogmodulen bzw. bis zu 32 Kanäle bei Digitalmodulen umfassen. Spezielle Module, so genannte Buskoppler, bilden die Schnittstelle zwischen dem Fernbus und den Lokalbussen.

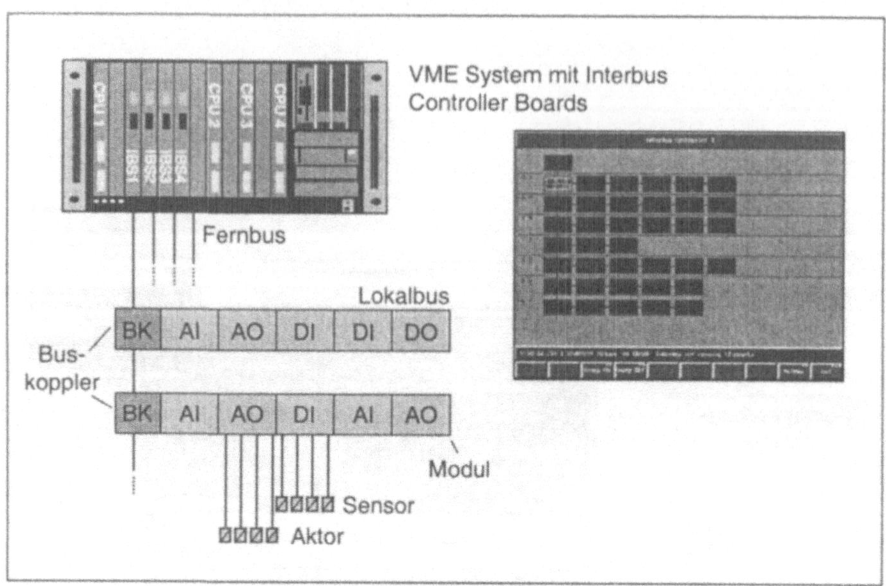

Abbildung 2: Struktur des Interbus-S und bisherige Grafikoberfläche

Diese hierarchische Struktur lässt sich einfach in XML abbilden, indem die Controller, Lokalbusse, Module und Kanäle jeweils in einem XML-Knoten beschrieben werden. Diese XML-Darstellung erzeugt ein Hilfsprogramm aus den ohnehin im System bereits vorliegenden Konfigurationsinformationen für den Interbus-S:

```
<Interbus>
  <Controller A="1">
    <Lokalbus BK="1">
      <Modul M="0" MI="4">
        <Kanal K="0">
           <Name>Buskoppler1</Name>
           <Typ>BK</Typ>
        </Kanal>
      </Modul>
      <Modul M="1" MI="17">
        <Kanal K="1">
           <Name>DruckLinks</Name>
           <Typ>AI</Typ>
        </Kanal>
        <Kanal K="3">
           <Name>DruckRechts</Name>
           <Typ>AI</Typ>
        </Kanal>
      </Modul>
      ...
    </Lokalbus>
    <Lokalbus BK="2">
    ...
```

XML verwendet so genannte Tags, um Informationen zu strukturieren. Die Tagnamen und ihre Bedeutung kann die Anwendung frei festlegen. Optionale Attribute, die innerhalb der spitzen Klammern stehen, können zusätzliche Informationen angeben wie z. B. die Kanalnummer K. Als XML-Knoten bezeichnet man ein Starttag wie <Modul>, das zugehörige Endetag </Modul> sowie die davon eingeschlossenen XML-Knoten oder Texte.

Auf den ersten Blick erscheint XML HTML sehr ähnlich. Bei HTML handelt es sich um eine Sprache, die die Darstellung von Texten festlegt (z. B. Schriftart und -größe, Fett- oder Kursivdruck etc.). Der Sprachumfang ist standardisiert und kann nicht erweitert werden. Die Tags lassen keine Rückschlüsse auf die Bedeutung der ausgezeichneten Texte zu. Eine automatisierte Auswertung ist daher schwierig bzw. i. a. unmöglich. XML hingegen legt mittels der Tags die Bedeutung fest. Somit kann eine XML-Anwendung aufgrund des Tagnamens entscheiden, wie die Informationen zu verarbeiten sind. Spezielle XML-Parser unterstützen Anwendungen bei der XML-Verarbeitung. Neben Funktionen zum direkten Zugriff auf bestimmte Knoten, erlauben einige Parser die Anwendung von XSL (eXtensible Stylesheet Language), einer templateorientierten Sprache zur Transformation von XML in andere Ausgabeformate.

3 XSL-Verarbeitung

Die Diagnoseoberfläche soll die Feldbusstruktur pseudografisch in verschiedenen Ansichten darstellen. Als Einstieg dient eine Übersicht über alle Interbus-S-Controller. Klickt man auf einen Controller, soll die Struktur des gewählten Strangs mit allen Modulen angezeigt werden. Ein Klick auf ein Modul zeigt alle Kanäle des Moduls. Somit muss die Oberfläche aus den XML-Daten drei verschiedene Ansichten generieren. Jede Ansicht besitzt ein zugehöriges XSL-Stylesheet, das die anzuzeigenden XML-Daten auswählt und in HTML konvertiert.

XSL wird üblicherweise auf dem Server verarbeitet. Die XML-Daten werden dort offline oder online in HTML umgewandelt. Da solche Parser recht aufwändig sind, verlagert die Diagnoseoberfläche die XSL-Verarbeitung in den Browser, einem Microsoft Internet Explorer 5.x mit installiertem MSXML3-Parser [3, 4]. Dabei muss der Webserver lediglich die notwendigen XML-, XSL- und JavaScript-Dateien einmal ausliefern. Die XML/XSL-Verarbeitung findet auch bei der Navigation durch die Ansichten ohne Zutun des Webservers komplett im Browser statt, wodurch die u. U. langsame Modemleitung sowie der Prozessrechner entlastet werden.

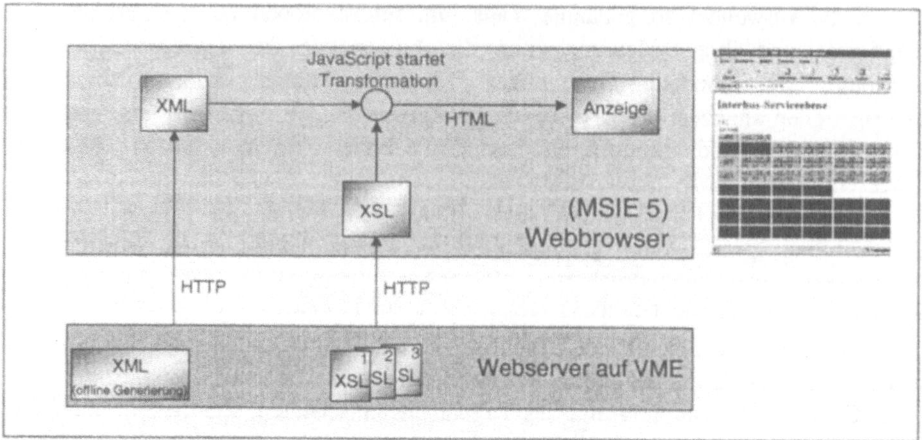

Abbildung 3: Erzeugung der quasistatischen Ansichten

Templates (Schablonen) legen in XSL fest, wie XML-Elemente ausgegeben werden. Welche Elemente verarbeitet werden, regelt XSL anhand von Patterns (Mustern). Dabei fügt XSL alle Tags und Texte der Ausgabe hinzu, sofern es sich nicht um <xsl:...>-Tags handelt, die der Parser auswertet. Am vereinfachten Beispiel der Ansicht für einen Interbus-Strang mit allen Modulen wird die Arbeitsweise im folgenden erläutert:

```
<xsl:template match="Controller">
  <h2>Controller <xsl:value-of select="@A"/></h2>
  <table>
    <xsl:apply-templates/>
  </table>
</xsl:template>
```

Dieses Template wählt einen Controller-Knoten (<Controller>) aus der XML-Feldbusdarstellung aus und generiert eine HTML-Überschrift mit dem Text „Controller 2“, wobei die Nummer aus dem Attribut A des Controller-Tags stammt. Anschließend beginnt es eine Tabelle, die durch Anwendung anderer Templates (<xsl:apply-templates>) gefüllt wird. <xsl:apply-templates> bearbeitet alle direkt unterhalb des Controller-Knotens liegende Lokalbus-Knoten, für die es folgende Schablone ausführt:

```
<xsl:template match="Lokalbus">
  <tr>
    <td>
      Lokalbus: <xsl:value-of select="@BK"/>
    </td>
    <xsl:apply-templates/>
  </tr>
</xsl:template>
```

Das Lokalbus-Template fügt der Tabelle eine Zeile (<tr>) hinzu, in dessen erste Spalte es den Text „Lokalbus: 0“ einträgt. Alle weiteren Spalten generiert das aufgerufene Modul-Template:

```
<xsl:template match="Modul">
  <td>
    -A<xsl:value-of select="../../@A"/>
     .<xsl:value-of select="../@BK"/>
     .<xsl:value-of select="@M"/>
    <br/>
    <xsl:value-of
select="/Module/Moduldesc[@MI=current()/@MI]"/>
  </td>
</xsl:template>
```

Diese Schablone setzt aus dem M-Attribut, dem BK-Attribut des übergeordneten Lokalbusses sowie dem A-Attribut des Controllers die Betriebsmittelkennzeichnung zusammen und gibt sie in einer eigenen Tabellenzelle aus. Weiterhin ermittelt sie aus dem MI-Attribut den Namen des Moduls.

Für die Navigation unterlegen die XSL-Stylesheets entsprechende Stellen mit Links. Diese Links rufen JavaScript-Funktionen auf, die eine Neutransformation der XML-Daten veranlassen:

```
<a href="javascript:show_module(1,4,5)">
```

Dieser Aufruf von show_module stellt z. B. das 5. Modul im 4. Lokalbus des 1. Controllers dar, indem es den entsprechenden Modul-Knoten aus den XML-Daten heraussucht und per XSL wie beschrieben zur Anzeige nach HTML konvertiert. Alle notwendigen Daten liegen dafür bereits im Browser vor und werden nicht neu vom Server angefordert.

4 Prozesswerte und Kommandos

Die beschriebenen XSL-Transformationen können nur die quasistatische Konfiguration darstellen, in die die aktuellen Prozesswerte und Zustände eingeblendet werden müssen. Anhand der anzuzeigenden Information generiert ein Javascript im Browser eine Liste der abzufragenden Variablenwerte als XML-Dokument. Dabei bildet er für jeden Variablenwert einen Value-Knoten, der ein Label-Knoten mit dem Variablennamen umfasst:

```
<Request>
  <Value>
    <Label>DruckLinks</Label>
  </Value>
  <Value>
    <Label>DruckRechts</Label>
  </Value>
  ...
</Request>
```

Diese Liste übergibt der Browser per HTTP dem Datenserver. Der im Internet Explorer verwendete MSXML3-Parser enthält die notwendigen Methoden, um XML-Dokumente per HTTP zu senden. Der Datenserver auf dem Prozessrechner bekommt diese XML-Anfrage vom Webserver und ermittelt die Variablenistwerte. Er stellt daraus eine XML-codierte Antwort zusammen, die der HTTP-Server wieder an den Browser ausliefert. Die Antwort enthält Value-Knoten mit den angeforderten Variablenwerten in Textform:

```
<Response>
  <Value>43.2</Value>
  <Value>58.6</Value>
  ...
</Response>
```

Im Browser empfängt der MSXML3-Parser diese Antwort. Ein Javascript entnimmt die Variablenwerte und blendet sie in die Ansicht ein [1].

Mit diesem Verfahren lassen sich auch Kommandos übertragen, die der Datenserver ausführen muss. Die Diagnoseoberfläche kann so z. B. Feldbusteile abschalten:

```
<Request>
  <Command>
    <Interbus A="2">Off</Interbus>
  </Command>
</Request>
```

Als Antwort erhält sie den Rückgabestatus des Kommandos. Bei Fehlern kann sie eine entsprechende Meldung ausgeben:

```
<Response>
  <Command>1</Command>
</Response>
```

5 XML-Verarbeitung unter RTOS-UH

Das vorgestellte Konzept erfordert die Generierung der XML-Daten für die Feldbuskonfiguration aus vorhandenen Konfigurationsdaten. Dieser Vorgang ist relativ einfach zu realisieren, weil das Konvertierungsprogramm lediglich eine mit XML-Tags versehene Textdatei erzeugen muss. Weitaus anspruchsvoller ist das Parsen der XML-Anforderungen bei der Übertragung der Onlinedaten. Der RTOS-UH-Webserver speichert die HTTP-Anfrage in einer Kette von Speicherblöcken, die er an den Datenserver übergibt. Diese Applikation muss die enthaltenen XML-Daten mit Hilfe eines XML-Parsers auswerten.

Da Zeichenverarbeitung in PEARL nicht besonders leistungsfähig ist, erfolgte die Realisierung des Datenservers in ANSI-C, wobei die (UNIX-)Parsergeneratoren lex und yacc den Parserquelltext erzeugt haben. Mit lex lassen sich so genannte lexical scanner generieren, die Texte nach regulären Ausdrücken durchsuchen. Wenn der Scanner auf einen Ausdruck im Eingabetext gestoßen ist, liefert er es als Token an den mit yacc generierten Parser. Dieser Parser beschreibt mit Hilfe von Tokens eine Grammatik, deren Regeln ein auszuführender C-Quelltext zugeordnet werden kann. Von yacc generierte Parser rufen automatisch den mit lex erzeugten Scanner auf. Mit den beiden gut aufeinander abgestimmten Parsergeneratoren ist es einfach möglich, einen XML-Parser zu schreiben. Der Scanner muss den Eingabetext (das XML-Dokument) lediglich mit Hilfe einiger Makros anstatt aus einer Datei aus den vom HTTP-Server übergebenen Speicherblöcken lesen.

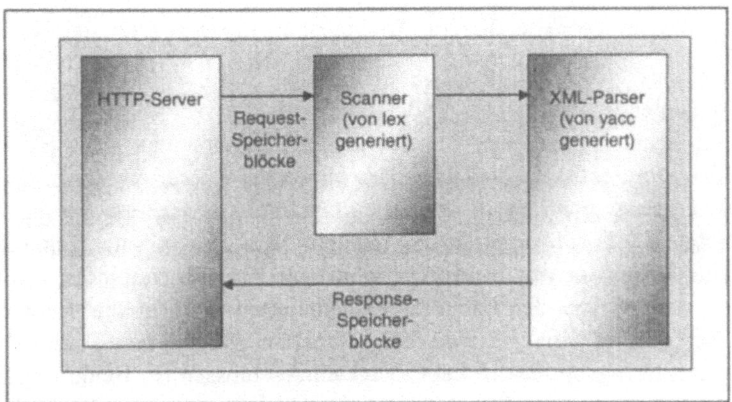

Abbildung 4: Struktur des Datenservers

Der lex-Quelltext für den Scanner enthält die verwendeten Start- und Endetags der XML-Token als Suchmuster und gibt nur jeweils das entsprechende Token zurück. Der Quelltext ist entsprechend einfach:

```
alph              [-A-Za-z0-9._]
%%
"<Request>"       return( REQ_START );
"</Request>"      return( REQ_END   );

"<Value>"         return( VALUE_START );
"</Value>"        return( VALUE_END   );
...
{alph}+           strcpy( yylval.str, yytext );return( TEXT );
.
\n
%%
```

Die Generatordatei für den yacc-Parser beschreibt die Struktur der XML-Daten in einer an die Backus-Naur-Form angelehnten Syntax. Der vereinfachte Quelltext sieht wie folgt aus:

```
%%
request: REQ_START values REQ_END
       ;
values: value
      | values value
      ;
value: VALUE_START label VALUE_END
          { write_response( "<value>" );
            write_response( $2 );
            write_response( "</value>" );
```

```
        }
      ;
label: LABEL_START TEXT LABEL_END { getvalue( $$, $2 ); }
      ;
...
```

Diese Regeln zerlegen die im Abschnitt 4 „Prozesswerte und Kommandos" beschriebene Anforderung vom Webserver. Die erste Regel (request) besagt, dass die Anforderung aus einem <Request>-Starttag, einer Liste von Value-Knoten sowie einem abschließenden </Request>-Endetag besteht. Die yacc-Regeln bauen dabei auf die von dem Scanner gelieferten Token wie REQ_START oder REQ_END auf. Die Regel „value" legt entsprechend fest, dass ein Value-Knoten zwischen dem Value-Start- bzw. Endetag einen Label-Knoten einschließt. Als Reaktion auf das Auftreten einer solchen Tag-Folge generiert sie mit dem Aufruf von wite_response() einen neuen Value-Knoten in der Antwort, die an den Browser geschickt wird. Mit $2 übernimmt sie den von der Label-Regel generierten Text in die Antwort. Dabei ermittelt der Aufruf von getvalue den aktuellen Wert eines Prozessdatums in Textform, dessen Signalname in Label-Tags eingeschlossen ist. Beide Regeln nutzen aus, dass yacc den einzelnen Token zusätzliche Attributwerte wie z. B. den Wert eines Prozessdatums zuweisen kann. Auf diese Attributwerte kann der Parser über die speziellen Variablen $$, $1 etc. zugreifen.

6 Bewertung und Zusammenfassung

Die Neuimplementierung der Diagnoseoberfläche erfolgte als Webanwendung, die gleichermaßen für den Vorort- und den Teleservice verwendbar ist. Damit löst sie eine grafische und eine textuelle Oberfläche ab und verringert somit den Wartungsaufwand bei Softwareänderungen.

Dass XML-Anwendungen nicht nur eine Modeerscheinung sind, sondern durchaus ihre Berechtigung besitzen, zeigt insbesondere die enorme Ausdruckskraft von XSL zur Generierung der Oberfläche. Der Template-Mechanismus ist zwar zunächst sehr ungewohnt gegenüber der PEARL- oder C-Programmierung, erlaubt es aber, mit vergleichsweise wenigen Quelltextzeilen umfangreiche Weboberflächen zu gestalten.

Im Gegensatz zu Webservern wie dem Apache unter Unix oder dem IIS unter Windows stehen auf einem Prozessrechner nur eingeschränkte Möglichkeiten zur Verfügung. Dies betrifft insbesondere die serverseitige XML-Verarbeitung. Sofern der Microsoft Internet Explorer als Client zum Einsatz kommt, kann XSL im Browser verarbeitet werden, ohne dass ein entsprechender Parser auf dem Prozessrechner verfügbar sein muss.

Für den Datenaustausch von Prozess- und Statusinformationen zwischen Browser und Prozessrechner bietet sich ebenfalls die Verwendung von XML an, weil sich XML browsereitig sehr leicht generieren, verschicken, empfangen und auswerten lässt. In diesem Fall ist es unumgänglich, XML auf dem Prozessrechner zu verarbeiten. Mit Hilfe der Generatorprogramme lex und yacc vereinfacht sich die Programmierung der notwendigen XML-Parser.

Die verwendeten Techniken (XSL, lex/yacc) sowie der erstmalige Einsatz des HTTP-Servers unter RTOS-UH erforderte intensive Einarbeitung in verschiedene Gebiete. Von den geschaffenen Grundlagen werden Nachfolgeprojekte deutlich profitieren.

Literaturverzeichnis

[1] Bartels, J.; Reinartz, J.: Geräteübergreifendes webbasierendes Servicekonzept für den Anlagenbau, in: Holleczek, P. (Hrsg): PEARL 2000, Berlin, Heidelberg 2000

[2] Scherff, B.; Krumbach-Voß, R.; Kroll, B.: Echtzeitsysteme flexibel konfigurieren – Projektierung und Planung von Mehrprozessorsystem im Anlagenbau; in: Elektronik 12/1994, München 1994

[3] Bartels, J.: Ansichtssache - Browsergestützte MSXML3-Anwendung, in: iX 10/2001, Hannover 2001

[4] Microsoft Corp: MSXML3 SDK, http://www.microsoft.com/xml/

Streaming video - Echtzeitanforderungen an Streaming-Formate und Player

Martin Schmalohr

Institut für Rundfunktechnik
Audiosystemtechnik
Floriansmühlstraße 60
80939 München

1. Einleitung

Die Kommunikation über Netzwerke weitet sich ständig aus. Mit neuen Techniken wird eine Infrastruktur geschaffen, die drei bisher getrennte Entwicklungsgebiete zusammenwachsen lässt. Die Kombination von Informations-, Unterhaltungs- und Kommunikationstechnik ergibt ungeahnte Möglichkeiten der Verarbeitung, Verbreitung und Auswertung von Informationen. Ein erstes Beispiel hierfür ist das interaktive Fernsehen via „Digital Video Broadcasting" (DVB). Im Zusammenspiel mit einer „Multimedia Home Platform" (MHP) ermöglicht es die individuelle Nachrichtenauswahl sowie flexiblere Informationsdarstellung. Internet-Radio über „Integrated Services Digital Network" (ISDN) und Video-on-Demand-Services über „Digital Subscriber Line" (DSL) sind weitere Beispiele. Möglich geworden sind diese Anwendungen durch eine effektivere, auf Kompression beruhende Übertragung von Daten. Mit neuen Kompressions- und Übertragungstechniken sollen schon bei Bitraten um 300 kbit/s ähnliche Signalqualitäten erreicht werden, die an das weit verbreitete „Video Home System" (VHS) heranreichen.

Für die Distribution von Audio- und Videoinhalten über klassische Speichermedien und Rundfunk existieren allgemein anerkannte Qualitätsstandards sowie entsprechende technische und kommerzielle Strukturen. Als zusätzliches, weltumspannendes Medium ist jedoch auch das Internet für die Verbreitung von „angeforderten" oder „Live-Inhalten" prädestiniert. Größere Bandbreite und schnellere Zugänge einerseits und die Verwendung optimierter, skalierbarer Audio- und Videocodierverfahren andererseits sollen eine verbesserte Qualität ermöglichen. Um neue Hörer zu gewinnen, sollte der Rundfunk im Internet mit neuen Techniken, interaktiven Gestaltungsmöglichkeiten und multimedialer Darstellung präsent sein. Die Verbreitung von Ton und Film an viele Empfänger im Internet erweist sich gegenüber dem klassischen Rundfunk und Fernsehen als wesentlich komplizierter. Ein geschickter Mix aus verschiedenen Netzwerkprotokollen und Verfahren soll eine gesicherte Übertragung der Datenströme vom Broadcaster zum Publikum bereitstellen.

2. Streaming und Protokolle

Das „User Datagram Protocol" (UDP) ist ein einfaches, verbindungsloses Protokoll der Netzwerkschicht. Es stellt eine Transportbeziehung ohne Flusskontrolle und Überprüfung der Zustellung her. Mit UDP können mehrere unabhängige Kommunikationsbeziehungen — auch Multiplex- Verbindungen — zwischen zwei Stationen hergestellt werden. Portnummern dienen der Identifikation der gegenseitigen Kommunikationsstellen, die bekannten Anwendungen fest zugeordnet sind. Es wird häufig für Echtzeit-Audio- und Videoübertragungen verwendet, bei denen verlorene Pakete schlicht ignoriert werden können. Das „Transmission Control Protocol" (TCP) arbeitet hingegen verbindungsorientiert und stellt gesicherte Übertragungen im Internet bereit, bei denen die Vollständigkeit und Reihenfolge der Daten garantiert ist. Wegen des Wartens auf die jeweilige Empfangsbestätigung können Verzögerungen auftreten, die es für Echtzeitübertragungen von Multimedia-Inhalten mit hoher Fehlertoleranz eher ungeeignet machen [1].

Der „Asynchronous Transfer Mode" (ATM) ist ein verbindungsorientiertes Protokoll für Hochgeschwindigkeits-Paketvermittlung und verwendet ein „Fast Paket Switching"-(FPS-) Verfahren. Ein ATM-Paket enthält ein Kontrollfeld, in dem anstatt der expliziten Quellen- und Zieladressen virtuelle Pfade und ein virtueller Kanal angegeben werden. Sie existieren nur für die Dauer der Datenübertragung. ATM eignet sich sehr gut für alle Multimediadistributionsmöglichkeiten von On-Demand- oder Live-Streaming bis hin zu File-downloads. Da sich bei Endverbrauchern hauptsächlich IP-Komponenten etabliert haben, kommt ATM eher im Produktionsbereich bei sehr hohen Bitraten zum Einsatz. Das „Realtime Transport Protocol" (RTP) bietet wichtige Echtzeiterweiterungen zum IP-Protokoll, wie etwa Zeitstempel und Synchronisierungsmechanismen, die für Videoübertragungen erforderlich sind. Anhand der Sequenznummern lassen sich auch fehlende oder außer der Reihe angekommene Pakete identifizieren. Für Kontrollaufgaben definiert RTP zusätzlich das „Realtime Transport Control Protocol" (RTCP). Typische Anwendungsgebiete von RTP sind Internet-Telefonie und Audio- beziehungsweise Videokonferenzschaltungen. RTP unternimmt jedoch keine Anstrengungen, eine bestimmte Dienstequalität (QoS) sicherzustellen. Das ist Aufgabe einer weiteren IP-Erweiterung namens „ReSerVation Protocol" (RSVP). Über RSVP kann ein Host eine bestimmte Verbindungsqualität (QoS) beantragen. Daraufhin versucht eine als RSVP-Dämon bezeichnete Instanz, auf allen Netzwerkknoten zwischen Sender und Empfänger entsprechende Ressourcen zu reservieren [1,5].

3. Webcasting-Techniken

Für eine Versorgung großer Zuschauermengen über das paketvermittelte Netz gibt es verschiedene Strategien, die unter der Bezeichnung Webcasting **(Bild 1)** zusammengefasst werden. Das einfache, weit verbreitete Verfahren heißt Unicast. Bei dieser Übertragungsart werden jedem, der einen Datenstrom anfordert, individuelle Kopien derselben Datenpakete gesendet. Es besteht also für jeden Empfänger eine eigene Punkt-zu-Punkt-Übertragung zum Sender. Das bedeutet, dass ein Server für Großveranstaltungen — mit mehreren Tausend Teilnehmern — auch das Tausendfache einer einzelnen Videoübertragung an Bandbreite bereitstellen muss. Dieses

Verfahren ist demnach nur für Live-Ausstrahlungen von wenigen niedrigratigen Datenströmen oder für Ondemand-Video geeignet, bei dem sich die Last zeitlich aufteilt.

Die technischen Betriebskosten eines klassischen Fernseh- oder Radiokanals sind hingegen gleich hoch, unabhängig davon, wie viele Zuschauer teilnehmen. Es wird ein neues Verfahren eingeführt, bei dem das Netz selbst die Pakete für jeden Zuhörer vervielfältigt. Diese Aufgabe wird den Schnittstellen im Netzwerk, den Routern, zugeschrieben. Die Vervielfältigung soll so nahe wie möglich beim Empfänger geschehen. (Ein Router leitet Datenpakete in Netzwerksegmenten in Richtung des Empfängers anhand von Routingtabellen weiter.) Das Multicastkonzept kann als Protokoll in verschiedenen Netzwerkschichten implementiert werden. Bei dichten Multicastnetzen (Dense Mode) liegen die Empfänger nah zusammen, und Router haben eine relativ hohe Teilnehmeranzahl zu bedienen. Bei spärlich verteilten Empfängern hingegen (Sparse Mode) muss jeder Router nur wenige Teilnehmer bedienen, dafür sind alle Empfänger einer Multicastgruppe räumlich weit verteilt. Gegenwärtig wird versucht, Multicast in der Protokollhierarchie sehr weit unten auf der IP-Ebene umzusetzen. In sich selbstorganisierenden Netzen — wie dem Internet — muss eine lückenlose Kette von Multicastroutern bestehen. Dazu ist eine teure Umrüstung der Netzknoten notwendig [2,3,4,5].

4. Mensch und Technik

Für die notwendige Komprimierung von Bild- und Tonsignalen stehen mittlerweile verschiedenste Verfahren zur Verfügung, die den Vorteil einer geringeren Datenrate und den Nachteil einer teils wahrnehmbaren Veränderung von Bild oder Ton mit sich bringen. Bei der Beurteilung dieser digitalen, perzeptiven Codierungsverfahren sollte nicht außer Acht gelassen werden, dass auch jedes analog ausgestrahlte Signal zahlreiche Bandbreitenbegrenzungen und Formatumwandlungen durchläuft.

Im Rahmen von Webcastingaktivitäten der „European Broadcasting Union“ (EBU) werden Verfahren für eine optimale Videoübertragung für Broadcasts im Internet kritisch untersucht. Neben einigen objektiven Messungen wie der „Peak Signal to Noise Ratio“ (PSNR) kommen dazu hauptsächlich subjektive Testmethoden wie MUSHRA (Multi Stimulus with Hidden Reference and Ankers) oder MSCRCQS (Multi Stimuli with a Constant Reference using a Continuous Quality Scale) zum Einsatz.

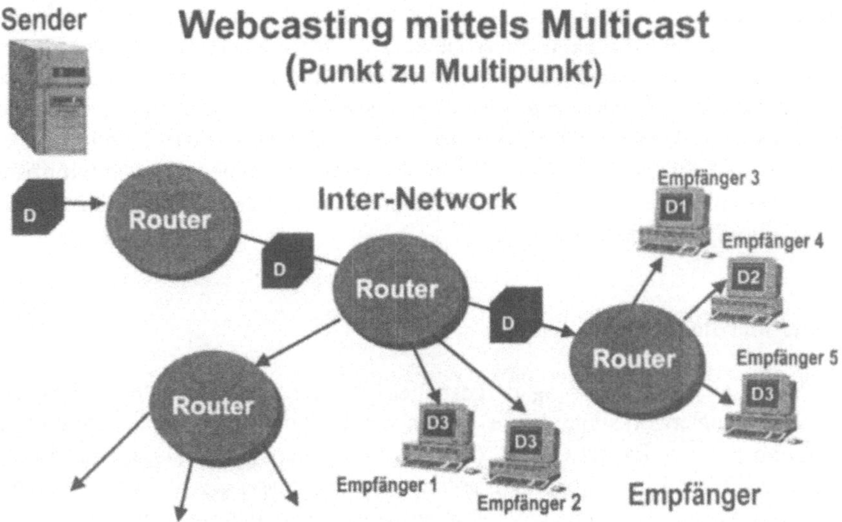

Bild 1. Webcastingverfahren: Punkt-zu- Multipunkt

5. Multimedia in Netzen

Während im Heimbereich Videostandards wie NTSC, PAL, S-VHS, DV, HF, FBAS und RGB zum Einsatz kommen, haben sich auf der Produktionsseite Betacam, DVCPRO, D1 bis D6 und SDI etabliert. Die auftretenden Datenraten in der digitalen Videoverarbeitung reichen dabei von 2 Mbit/s im Heimbereich bis zu 2 Gbit/s beim professionellen D6-System. Für die Verbreitung und die verteilte Produktion muss für jede vom Videostandard geforderte Bandbreite ein entsprechender Netzwerkstandard gefunden werden. Vergleicht man die bestehenden Videosysteme und deren typische Bitrate mit den verfügbaren Netzwerktechniken im **Bild 2**, so erkennt man eine Lücke, denn die zur Verfügung stehenden Standardsysteme reichen nur bis auf 1500 kbit/s an die untere Grenze heran. Heutigen Glasfasernetzen sind mit Übertragungsbandbreiten von 10 Gbit/s und mehr nach oben hingegen offensichtlich keine Grenzen gesetzt. Die Bedienung von hochwertigen Videotechnologien durch lokale Netzwerke wie Ethernet, Firewire oder ATM ist also weitgehend gedeckt.

Es wird hingegen deutlich, dass für Netzwerke mit niedrigen Bandbreiten, wie zum Beispiel DSL, ISDN oder dem „Groupe Spécial Mobile"-System (GSM), bislang kaum etablierte Videosysteme existieren. Genau diese Lücke soll durch neue Videocodierungsverfahren geschlossen werden. Es müssen Verfahren entwickelt werden, die eine zusätzliche Vermarktung der für DVD und DVB produzierten Inhalte auf Weitverkehrsnetzen — mit DSL-, ISDN- und GSM-Techniken — ermöglichen. Diese Verfahren werden in naher Zukunft einen weiteren Schub durch die Verbreitung von „Universal Mobile Telecommunication Service"- (UMTS-) Geräten erfahren, die für Multimediaapplikationen vorbereitet sind. Solche Algorithmen zur Kompression von Audio- und Videodatenströmen können entweder als eigenständige Encodingapplikation oder als „Compressor-Decompressor"-Modul

(CoDec) auftreten. Dabei stellt ein Codec seine Funktionalität für beliebige Anwendungen sowohl für die Wiedergabe als auch zur Kompression zur Verfügung. Microsoft Windows verwendet dazu beispielsweise eine als „Compression Manager" und „DirectShow bezeichnete Softwareschnittstelle. Für den Macintosh und auch unter Linux bestehen eigene Systemstrukturen. Dieses Prinzip ermöglicht ein Höchstmaß an Interoperabilität, wird aber leider von aktuellen Streamingformaten kaum mehr unterstützt. In der Fachliteratur werden häufig beide Formen der Implementierung als Codec bezeichnet.

6. „Standardmäßig Proprietär"

Die Welt der Videocodierung ist gespalten. Proprietäre Codecs der drei Großen (Microsoft, RealNetworks und Apple) stehen standardkonformen Implementierungen der „Motion Pictures Expert Group" (MPEG) gegenüber. Während die Algorithmen proprietärer Codecs Firmengeheimnisse bzw. Grundlage von Geschäftsmodellen darstellen, sind Standards offen und für jedermann zugänglich — wenn auch gegen Gebühr. Durch ein festgelegtes Ausgabeformat erhöhen sie die Interoperabilität.

Die Qualität eines decodierten Bitstroms kann jedoch — abhängig von der jeweiligen Implementierung des Encoders — stark variieren. Derzeit stehen viele MPEG-4-Codecs in den Startlöchern, wobei die meisten nur einfache Videokomprimierung nach „Simple Profile" beherrschen. Objektorientierte Audio- und Videocodierung mit „Binary Information Scenes" (BIFS) und interaktive Anwendungen oder gar dreidimensionale Szenen bieten hingegen nur einige Einzelgänger (zum Beispiel „Envivio Early Access Programm" EEAP, www.Envivio.com/solutions/eeap/index.jsp oder das Song-Projekt, www.octaga.com/songweb/). Die französische Firma Envivio stellt immerhin erstmals Authoringtools zur Verfügung mit denen einfache MPEG-4-Applikationen realisiert werden können. Der Codecspezialist Sorenson (www.sorenson.com/) bietet alternativ zum gleichnamigen Quicktime- Codec eine hauseigene MPEG-4-Implementierung an.

Philips (161.91.241.203/downloads/player/ index.asp) bietet im Rahmen seiner MP4Net-Technologie MPEG-4-Produkte unter dem Namen „WebCine" an. Auch der von Internettauschtauschbörsen bekannte DivX-Codec (www.divx.com/divx/) bietet zumindest in der kostenpflichtigen aktuellen „Version 5" professionelle Features wie bidirektionale Encodierung (B-Frames), „Globale Motion Compensation", und „Quarter Pel" an und will kompatibel zum MPEG-4-„Simple Profile" und -„Advanced Simple Profile" sein. Erste Tests zeigten jedoch, dass DivXencodierte MPEG-4-Files momentan lediglich auf dem im Bundle mitgelieferten eigenen „The Playa" laufen. Envivio und Philips sind bereits hinsichtlich einfacher Videoströme kompatibel. Mit dem „Envivo Broadcast Studio" erzeugte BIFS-MPEG-4-Files hingegen lassen sich nur mit den jeweiligen Plugins für Quicktime oder Real abspielen.

Oberflächlich gesehen scheinen in der PC-dominierten Streamingwelt proprietäre und Standardtechniken zusammen zu wachsen. „Real System iQ" unterstützt serverseitiges MPEG-4-Streaming, der Playerclient kommt mit Envivio-Plugin daher und Quicktime soll in „Version 6" mit MPEG-4-Decoder ausgestattet werden. Selbst neue Verfahren wie H.26L von der „Video Coding Experts Group" (VCEG) (www.tnt.uni-hannover.de/project/vceg/) der IST sollen schnellstmöglich Bestandteil von MPEG-4 sein (www.m4if.org/resources/mpeg4userfaq.php#H26L).

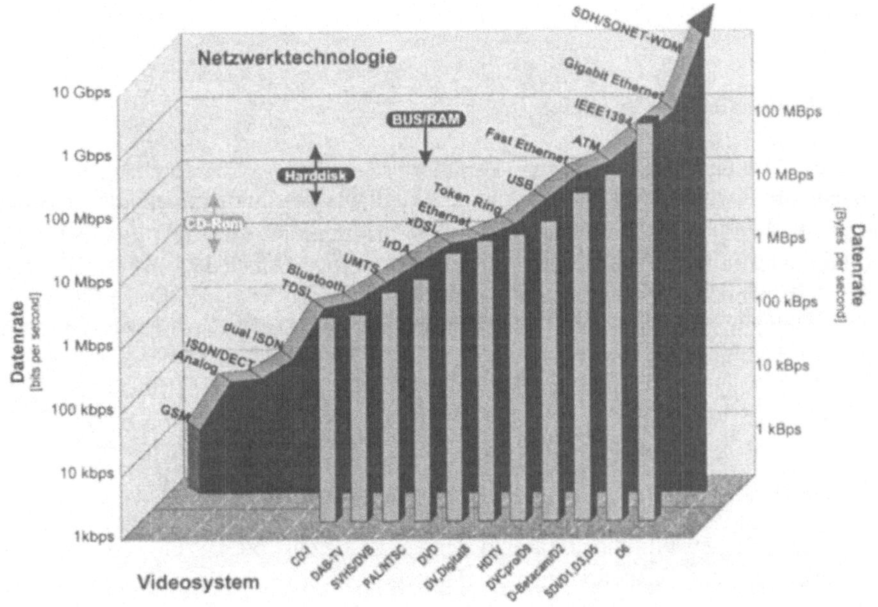

Bild 2. Videosysteme und verfügbare Netzwerktechniken

Ganz so rosig und kompatibel sieht die Realität im Moment leider allerdings noch nicht aus. Apple hält seine bereits fertig gestellte neue Videosoftware „Quick-Time 6" wegen Lizenzunstimmigkeiten mit der „MPEG Licencing Administration" (MPEG LA) zurück. Gemäß den Vorstellungen der Lizenz-Designer werden für jeden MPEG-4-tauglichen Videodecoder und -encoder Lizenzen fällig, wobei zwischen privater und kommerzieller Nutzung unterschieden wird. Heftige Kritik löste zudem die Forderung nach zusätzlichen Gebühren für jede Stunde Laufzeit aus. Ähnlich verhält es sich beim Audioteil von MPEG-4, dem AAC (Advanced Audio Coding), wenngleich die Gebühren hier wesentlich geringer ausfallen. Wie schon erwähnt, sind derzeit verfügbare MPEG-4-Codecs häufig noch nicht kompatibel. An interaktiv verteilte Anwendungen auf verschiedenen 4-Playern ist im Moment noch nicht zu denken, auch wenn viele Firmen dazu bereits erste eigene Demonstrationen vorweisen können.

Während standardkonforme Komplettlösungen auf Basis von OpenSource-Initiativen (mpeg4ip.sourceforge.net) oder im Rahmen europäischer Projekte vorwiegend in den Kinderschuhen stecken, drängen die dominanten Streamingarchitekturen bereits ins Wohnzimmer. Real und WindowsMedia profitieren noch von ihrem langjährigen Erfahrungsschatz und sind den jungen MPEG-4-Implementierungen häufig noch überlegen. „Realvideo 9" (www. realnetworks.com/solutions/leadership/ realvideo.html) und Corona (www.microsoft.com/ Windows/windowsmedia/thirdgen/default.asp) versprechen noch effizientere Audio- und Videocodierung und warten mit Multichannel- oder

Surroundsupport—auch für sehr niedrige Datenraten — auf. Die Parametergrenzen werden ständig erweitert, so dass die Qualität bei Codierungen im HDTV-Format mit 1080 Zeilen und bis zu 60 B/s hauptsächlich durch die Rechnerperformance bestimmt wird.

7. Videocodecs im Vergleich

Der Vergleich verschiedener Verfahren im Web wird durch eine „schier unendliche Parametervielfalt" und „unterschiedlichstem Quellenmaterial" erschwert. Eine im Rahmen des Projekts „Television Broadcast @ Internet" am Institut für Rundfunktechnik (IRT) durchgeführte Diplomarbeit gibt einen detaillierten Überblick über bestehende Verfahren zur Videokompression und deren Fähigkeit zur Übertragung über digitale Netze bei niedrigen Bitraten. Das dabei entstandene „Video Internet Demonstration Aid" (VID@) ist eine HTML-basierte Benutzerschnittstelle, die mittels Standard-Browser über das Internet frei verfügbar ist (www.radio.irt.de). Es stellt eine Weiterentwicklung des „Audio Internet Demonstration Aids" (AIDA) dar. Zur Darstellung werden kostenfreie Player wie Windows Media, Real System und Quicktime eingesetzt. Neben der Betrachtung der Videoinhalte stellt VID@ (**Bild 3**) dem Benutzer umfangreiche Informationen und Quellenangaben hinsichtlich des zugrunde gelegten Filmmaterials und der verwendeten Codecs zur Verfügung. Der Benutzer kann auf Basis der eigenen Hardware unter Realbedingungen individuelle Tests an verschiedenen Videosystemen durchführen. Es wird ihm so ein Hilfsmittel für die persönliche Urteilsfindung über die Benutzerfreundlichkeit und die Leistung gegenwärtig verfügbarer Systeme an die Hand gegeben. Mittels Zusatzinformationen und Quellenverweisen ist eine detailliertere Recherche oder der direkte Bezug eines favorisierten Systems möglich.

Eine repräsentative Vorauswahl an Videosequenzen erfolgte durch die EBU. Diese Videosequenzen zeichnen sich durch unterschiedliche Merkmale in Hinblick auf Objekt- und Farbvielfalt, Bewegungsrichtung und Geschwindigkeit aus. Sie wurden bereits für offizielle objektive und subjektive Tests des MPEG-2-Verfahrens [6,7] verwendet und sind bei der „Video Quality Experts Group" (VQEG) zum Download freigegeben (ftp.crc.ca/test/pub/ crc/vqeg). Als Ausgangsformat dient NTSC-konformes Filmmaterial mit einer Farbunterabtastung von 4:2:2 im YUV-Format. Bei einer Farbquantisierung mit 8 bit trägt eine Bildzeile damit insgesamt 720 Helligkeitswerte (Y), 360 Blau-Gelb-Balancewerte (Cb) und 360 Rot-Grün-Balancewerte (Cr). Diese Sequenzen wurden zunächst in unkomprimierte 24 bit RGB „Audio Video Interleave"- Dateien (AVI) mit einer Auflösung von 720×486 Pixeln und einer Bildwiederholrate von 30 B/s konvertiert.

Ein weit verbreiteter Irrtum ist, dass für Internetvideoproduktionen keine besonderen Anforderungen an die Qualität des Ausgangsmaterials gestellt werden müssen. Genau das Gegenteil ist der Fall! Bei sehr niedrigen Bitraten sollte die Qualität der Quelle am besten SDI oder DigiBeta, minimal aber DV-Video sein. Analoge Schnittstellen kommen auf Grund des höheren Farbrauschens und der damit verbundenen zusätzlichen Artefakte nach der Codierung nicht in Betracht. Um den Anforderungen verschiedener Netzzugänge wie Modem, ISDN, DSL oder LAN gerecht zu werden, wurden fünf Parameterprofile definiert, die sowohl Übertragungseigenschaften wie auch Bild- und Toneinstellungen festlegen. Die

Profile Analog, ISDN, Dual, DSL und LAN stehen stellvertretend für eine effektive Datenrate von 40, 56, 112, 500 und 1000 kbit/s. Aus Kompatibilitätsgründen sind nur bestimmte Kombinationen zwischen Audio- und Videocodecs, sowie vorgegebene Bitratenschrittweiten und Bildauflösungen möglich. Außerdem kommen für die Quellenformatreduzierung (Preprocessing) nur ganzzahlige Teiler der Audioabtastfrequenz, Framerate und der Quantisierungstiefen in Betracht.

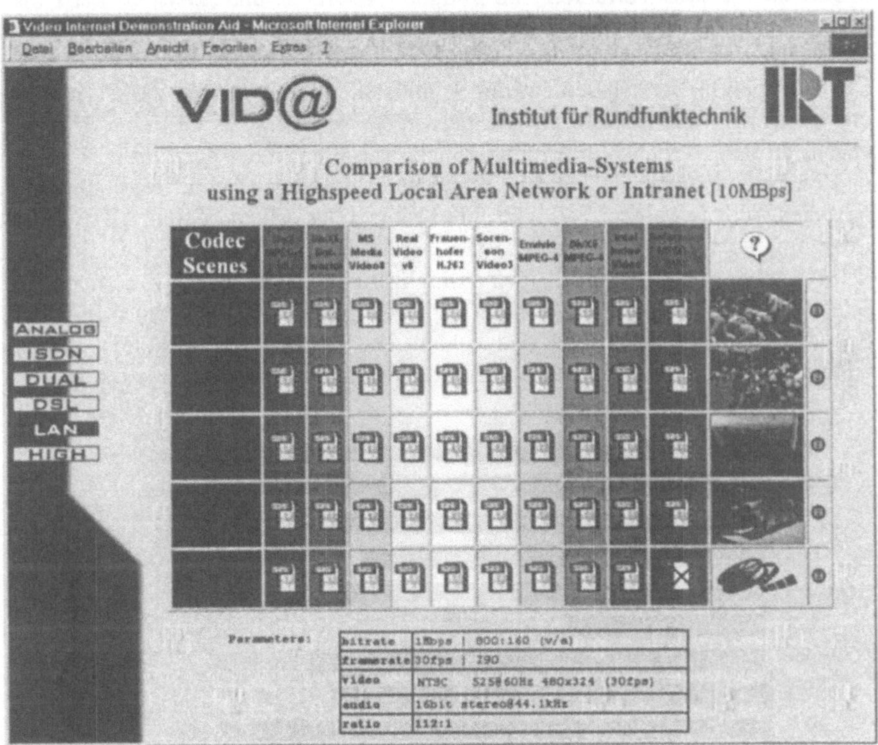

Bild 3. Demonstrator mit Sequenztabelle: VID@ bietet dem Benutzer unter anderem Informationen und Quellenangaben über das Filmmaterial und verwendete Codecs

Die Bitratenkontrolle eines Codecs spielt für die Videoqualität eine wesentliche Rolle. Im **Bild 4** ist dargestellt, dass die geforderte Bitrate von 1000 kbit/s bei einer vordefinierten Sequenz im Mittel um 151 kbit/s unterschritten wird, da es sich um eine nahezu stillstehende Szene handelt. RealSystem G2 hat die Grenze hingegen um etwa 12 % überschritten. Die codierten Sequenzen sind also nur begrenzt vergleichbar. Die Einhaltung der Bitrate hängt in erster Linie von der Komplexität des Videosignals ab, wobei diese sich beim Broadcasting im Gegensatz zu den vorliegenden Zehn-Sekunden-Clips auf ein statistisches Mittel einpendelt. Da alle Statistiken, Clips und Zusatzdaten über www.radio.irt.de verfügbar sind, wird an dieser Stelle nicht weiter im Detail auf die einzelnen Sequenzen, Codecs und deren Artefakte eingegangen. Im Folgenden soll lediglich eine Tendenz aufgezeigt werden, die sich bei Benutzung von VID@ ergeben hat. Detaillierte offizielle Testreihen nach standardisierten Verfahren werden derzeit durchgeführt, um diesen Eindruck zu überprüfen.

Bei sehr niedrigen Bitraten um ISDN erzielt Real Video nach wie vor gute Ergebnisse. Windows Media nähert sich bei Raten um DSL mit unkritischem Material der gewohnten PAL-Qualität an. Sorensons Quicktime-Codec konnte jedoch trotz umfangreicher Zusatzfunktionalitäten und Plattformunabhängigkeit nicht in der Videoqualität überzeugen. Unter Ausnutzung einer „Variablen Bitraten Codierung (VBR) im Twopass-Verfahren sind „WindowsMedia 8" und „DivX 5" bei 1 bis 1,5 Mbit/s nicht mehr weit vom gewohnten DVD-Genuss entfernt. RealVideo liefert ab 1 Mbit/s zwar gute Ergebnisse fordert aber eine erheblich höhere Belastung von der CPU. In diesem Bereich schlägt die Schnittstellenkonfiguration, das Playoutdevice und die Performance der Hardware meist mehr zu Buche als die reine Bitrate. Die gegenwärtigen MPEG-4-Implementierungen variieren in der Qualität teils erheblich und reichen oft noch nicht an die proprietären Lösungen heran. Audioübertragung hingegen stellt in keinem Fall mehr ein Problem dar. Mit AAC und MP3pro ist die Codierung so weit fortgeschritten, dass bereits bei einem analogen werden, sofern keine Kaskadierung der Quellsignale durchgeführt wurde. In DivX-codierten AVI-Files lassen sich bereits jetzt „dual-language" Stereo-MP3 oder ein original AC3-Soundtrack unterbringen. Mit den zukünftigen Streamingarchitekturen sollte sich hochkomprimierter Multichannel ab 256 kbit/s durchaus passabel anhören.

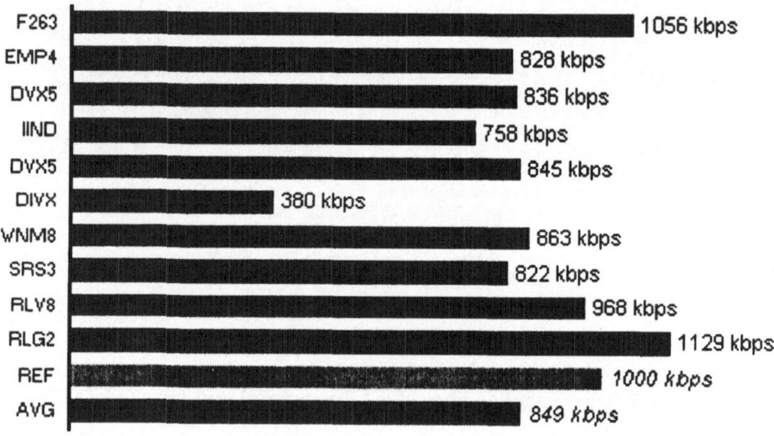

Bild 4. Effektive Bitraten, Beispiel LAN

8. Fazit

Tauschbörsen wie Napster mit MP3 in der Vergangenheit und Morpheus für DivX in der Gegenwart verdeutlichen das große Interesse an kompakten — teilweise allerdings auch illegalen — Inhalten. Um die Gefahr einer geteilten Gesellschaft — bei der ein Teil mit maximaler Individualität am kommerziellen Markt vorbei konsumiert — zu vermeiden, gilt es möglichst schnell neue „Angebote" einzurichten.

Streamingangebote müssen interessante Inhalte zu fairen Preisen bieten. Schließlich wählt der Konsument stets den Weg des geringsten Widerstandes. Derzeit stehen, auf 24 Stunden Ansicht beschränkte, CIF-Movies von annodazumal für fünf Euro Monatsgebühr „illegalen Blockbuster-DVD-Ripps im Vollformat mit Multichannelsound aus der Tauschbörse" gegenüber. Ob ein Konsument sich für abendfüllende Internetrecherchen nach Privatkopien undefinierter Qualität oder für die offizielle Portalsite zum Video-on-Demand mit moderatem Pay-per-View entscheidet, hängt nicht mehr länger von der Technik ab.

Schrifttum

[1] Plate, J.: Multimedia in Netzen. Vorlesung (8/1997).

[2] Leitner, F. von: Bilder für alle, Multicast: Sendeverfahren für Audio und Video im Netz. c't Heft 12 (2000), S. 212 ff.

[3] Hofmann, H.: Networks and Network Management, Audio/Video Streaming over IP. IRT (5/2000).

[4] Schröder, K., Gebhard, H.: Audio-/Video-Streaming über IP Multimedia-Netze. FKT, Jahrgang 54 (2000) Heft 1-2.

[5] Gebhard, H.: Diplomarbeit. IP-basierte Video- Kommunikation (Lehrstuhl für Nachrichtentechnik, Universität Dortmund). http://www.nt.e-technik.uni-dortmund/m_gh (1999).

[6] Fremerey, F.: Der digitale Sender, Hörfunk und Fernsehen aus dem Computer. c't Heft 4 (1999), S. 98 ff.

[7] McGowan, J. F.: AVI Glossary. CCIR 601 (2000), http://www.jmcgowan.com/avigloss.html.

[8] Zota, Dr. V.; Benzler, U.: Eingedampfte Bildströme, Aktuelle Video-Codecs im Vergleich. c't (2001), Heft 10.

[9] Côtè, G.; Erol, B.; Gallant, M.; Kossentini, F.: H.263+: Video Coding at Low bit Rates. IEEE Transactions On Circuits And Systems For Video Technology Vol. 8 (11/98), Heft 7.

[10] European Broadcasting Union: subj. Skala Recommendation ITU-R BS.1116-1: Methods for the subjective assessment of small impairments in audio systems including multichannel sound systems. ITU-R recommendations: BS series (1998), S. 434...459.

[11] International Telecommunication Union, Telecommunication Standardization Sector Video Quality Experts Group, KPN Research): Evaluation of new methods for objective testing of video quality: objective test plan 1997...2000.

[12] Corriveau, Ph.; Walch, N.; Schertz, A. (Communications Research Centre, Institut für Rundfunktechnik): Video Quality Experts Group, Subjective Test Plan. Version 3 (07/1999).

[13] Schmidt, U.: Digitale Videotechnik. Franzis Verlag München (1998).

[14] Loviscach, J.; Wagner, R. E.: Spots aus dem Rechner — Computertechnik im TV-Studio. c't Heft 20 (1999), S. 204 ff.

[15] Terran Interactive: Codeccentral, Index of Codecs. 1999-2000, http://www.terranint. com/CodecCentral/Codecs/index.html.

[16] Himmelein, G.: Kinoprogramme, Software- DVD-Spieler unter Windows. c't Heft 20 (1999), S. 112 ff.

[17] Jaeger, S.: Legal oder illegal, Der rechtliche Status des DVD-Hackertools aktuell. c't Heft 14 (2000), S. 28 ff.

[18] Loviscach, J.: Filmkonserven, Analogvideo DV und DVD archivieren. c't, Heft 21 (2000), S. 234.

[19] Stoll, G.: Audio Goes Internet. IRT Seminar Präsentation (8/2000), S. 17.

[20] Oberdörster, A.; Carstens, M.: Frontalangriff, Internet- Audio und Video: Microsoft contra Apple und MP3. c't Heft 10 (1999), S. 52 ff.

[21] Loviscach, J.: Formen mit Normen, Internet- Standards für Multimedia—nicht nur online. c't Heft 18 (2000).

[22] Gersho, A.; Gray, R.: Vector Quantization and Signal Compression. Boston (1992).

[23] ISO/IEC 13818-1: Information technology, Generic coding of moving pictures and associated audio information. Part 1: Systems.

[24] ETR: Digital Video Broadcasting (DVB). Implementation Guidelines for the Use of MPEG-2

Systems, Draft 154, Rev.3 (07/99).
[25] Reimers, U.: Digitale Fernsehtechnik. Springer Verlag Berlin (1995).
[26] Schmalohr, M.: Codecs und Netzwerke —Auf dem Weg vom Pantoffelkino zum Home Cinema? FKT, Jahrgang 56 (2002) Heft 8-9.

Validierung einer integrierenden Software-Plattform für sicherheitskritische Bahnsysteme

Thorsten Lörch
Palmaille 82, 22767 Hamburg
Thorsten.loerch@sqs.de

André Fitzke
Lorenzstraße 10, 70435 Stuttgart
a.fitzke@alcatel.de

Abstract.

Softwaresysteme für Bahnanlagen haben eine bedeutend längere Lebenszeit als die Hardware, auf der sie laufen. Außerdem werden die Anwendungen immer komplexer und damit in Entwicklung und Zulassung kostenintensiver. Um die Wirtschaftlichkeit dennoch sicher zu stellen, muss die starre Hardwareabhängigkeit aufgehoben werden. Zu diesem Zweck hat Alcatel die TAS (Transport Automation System) Platform entwickelt, die Hard- und Software-Wechsel erlaubt, ohne ganze Systeme neu entwickeln zu müssen. Die Entwicklung der TAS Platform erfolgte nach den Richtlinien von CENELEC, um sie länderübergreifend einsetzen zu können.

Einleitung

Die TAS Platform besteht aus einem Betriebssystem, einem Kommunikationssystem und einem Fehlertoleranzsystem, mit denen signaltechnisch sichere Anwendungen hardwareunabhängig entwickelt werden können. Die SQS stieß 1998 zum Projekt TAS Platform, um die Software zu validieren. Sie definierte ein systematisches Vorgehen bei der Ermittlung der Testfälle für die Validierung und der Nachvollziehbarkeit der Validierungstests. Besonderes Augenmerk legten die Validierer auf die Analysen des Quellcodes. Sie arbeiteten sich in die Systemarchitektur und in die Designkonzepte ein und prüften diese auf sicherheitsgefährdende Konstrukte. Die Testdurchführung wurde weitgehend in einer automatischen Testumgebung auf der Zielhardware durchgeführt und von den Validierern kontrolliert. Ein strenges Fehlermanagementverfahren gewährleistete die Nachvollziehbarkeit von Änderungen, die während der Validierung notwendig waren. Durch den weitgehenden Einsatz von elektronischen Medien (E-Mail, Internet) wurde die Validierung trotz der räumlichen Entfernung, Validierung in Hamburg, Testlabor in Wien, mit minimalem Aufwand an Zeit und Kosten durchgeführt.

Validierungsobjekt

Sicherheitskritische Bahnsysteme bestehen zu immer größeren Anteilen aus Software, die mittlerweile eine hohe Komplexität erreicht hat. Das vergrößert den Aufwand bei ihrer Erstellung und bei der Zulassung durch die verantwortliche Abnahmebehörde. Zusätzlich steht die Einsatzzeit der Bahnsoftware bedeutend kürzeren Lebenszyklen der Hardware auf der sie ausgeführt wird gegenüber. Ersetzt ein Unternehmen seine Hardware, musste bisher die Software umgeschrieben werden. Eine Neu- oder Nachentwicklung wird jedoch wegen der steigenden Systemkomplexität und der erneut notwendigen Zulassung immer unwirtschaftlicher.
Deswegen hat Alcatel SEL eine Plattform entwickelt, auf der komplexe Software aufsetzen kann und die die Anwendung von der Hardware weitgehend unabhängig macht. Diese TAS Platform verfügt über definierte Schnittstellen, sowohl zur Hardware, als auch zur Applikationssoftware. So können Software oder Softwarekomponenten wie auch Hardware unabhängig von einander ausgetauscht werden (siehe Fig. 1).

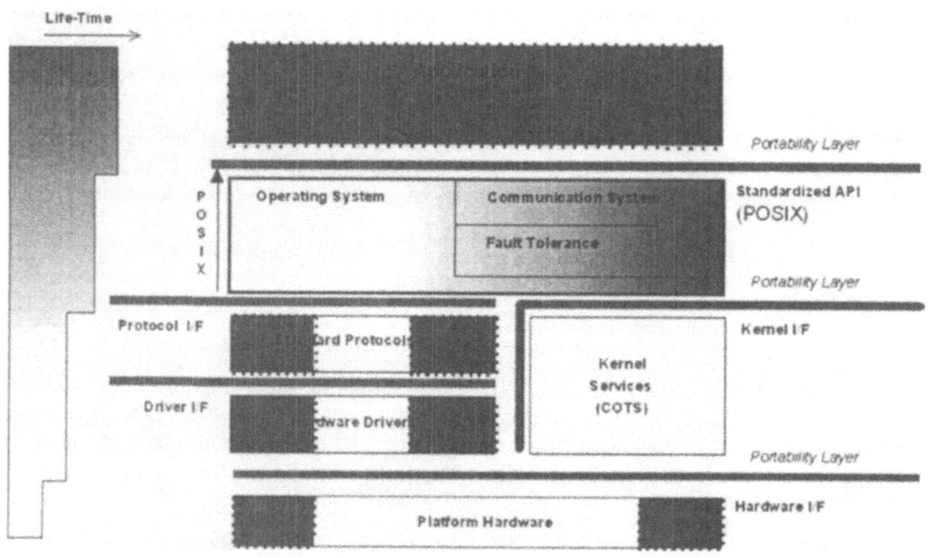

Fig. 1. Die TAS Platform als Brücke zwischen Hard- und Software

Schrittweise entwickeln

Die TAS Platform wurde schrittweise entwickelt: Zunächst entwarfen sie 1996 einen Entwicklungsplan. Dieser enthielt im ersten Schritt eine SRS (System Requirement Specification), in der die Anforderungen an die Software definiert sind. Es folgte die Definition der Grobarchitektur. Aus der Grobarchitektur (ADD) wurden Subsysteme abgeleitet und die Systemanforderungen aus der SRS diesen zugeordnet. Für jedes Subsystem wurden die Anforderungen in SSRS'en (Subsystem Requirement Specifications) definiert und verfeinert. Anschließend wurden SDD's (Subsystem Detailed Designs) erstellt, die als Vorgaben für die Implementierung dienen.

Die Verifikation der Implementierung der Subsysteme wurde in Test Design Specifications (TDS) definiert und aus diesen Vorgaben wurden die einzelnen Testfälle entwickelt (siehe Fig. 2).

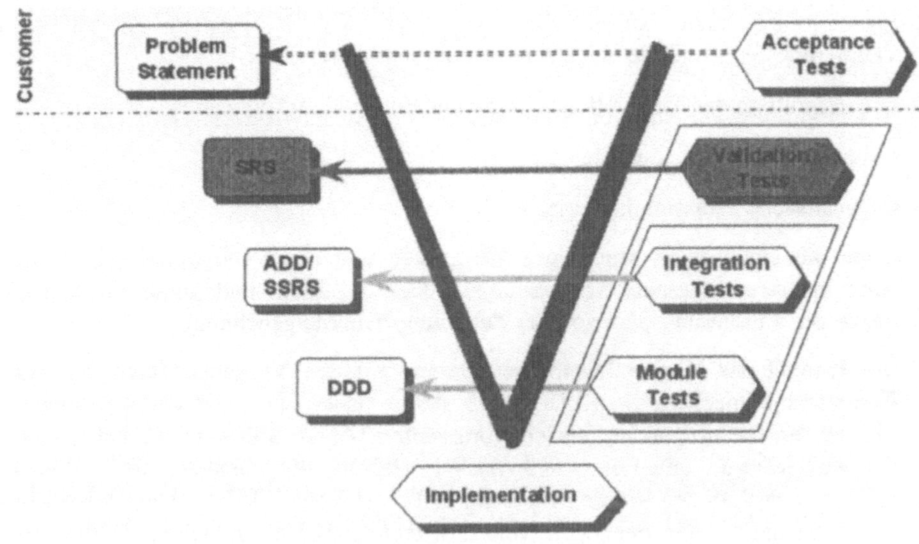

Fig. 2. Die Entwicklungsschritte der TAS Platform im V-Modell

Externe Validierung

Im Rahmen des CENELEC-Entwicklungsprozesses sind signaltechnische Anwendungen zu validieren, um sicherzustellen, dass die Anwendung auch die gestellten Anforderungen erfüllt und fehlerfrei ausführt. Ebenso wie die Software-Entwicklung selbst, ist die Validierung zu einer umfassenden und komplexen Aufgabe geworden. Gemäß den CENELEC-Normen ist für die Validierung von sicherheitskritischen Anwendungen der Nachweis der Unabhängigkeit eine unabdingbare Voraussetzung. Alcatel hat deswegen und auch aus personellen Gründen externe Berater hinzugezogen. Eine weitere Motivation war: Externe finden häufig Fehler und Unstimmigkeiten im Projekt schneller.

Alcatel beauftragte als externe Validierer die SQS AG. Die SQS AG verfügt über langjährige Erfahrung in der Begutachtung und Validierung insbesondere von komplexen Software-Systemen im Bahnbereich.

Validierungsablauf

Die Validierungsaktivitäten durch die SQS begannen im September 1998. Im ersten Schritt arbeiteten sich die Validierer in das Projekt und die technische Realisierung ein. Parallel dazu wurde von Ihnen der Validierungsplan aufgestellt. Im Validierungsplan sind die einzelnen Validierungsschritte, wie

- Überprüfung der Nachvollziehbarkeit des Entwicklungsprozesses,
- statische Programmanalyse und
- dynamische Programmanalyse

sowie die einzusetzen Methoden, Werkzeuge und die Validierungsziele definiert. Nach mehreren internen Abstimmungen über die Ziele und deren Erreichbarkeit wurde der Validierungsplan von der Zulassungsbehörde genehmigt.

Die Prüfung der Nachvollziehbarkeit basiert auf den Vorgaben durch die System Requirement Specification (SRS). SQS stellte sicher, dass alle Anforderungen der SRS in den nachfolgenden Verfeinerungsstufen (ADD, SSRS, DDD und Quellcode der Anwendung) umgesetzt und nachvollziehbar dokumentiert sind. Weiterhin bediente sich SQS der Failure Mode and Effect Analysis (FMEA). Die FMEA ist eine Analysemethode, mit der noch vor Entwicklungsbeginn mögliche Fehler in der Anwendung und deren Auswirkungen ermittelt werden. Auf dieser Basis können dann Gegenmaßnahmen getroffen werden. Für die Entwickler sind die Ergebnisse dieser Analyse wertvolle Hinweise, wie sie potenzielle Fehler gewichten müssen und ihnen begegnen können. Die Validierer von SQS prüften bei der TAS Platform, ob alle notwendigen Gegenmaßnahmen korrekt implementiert wurden. Hierfür wurden Testfälle definiert, die die Wirksamkeit der Gegenmaßnahmen prüfen.

Die SQS führte ein statische Analyse der Software durch. Dabei wurde die Einhaltung der Programmierrichtlinien (Mü8004 und Alcatel interne) geprüft und der Quellcode daraufhin untersucht, ob er Konstrukte enthält, die für sicherheitskritische Systeme bedenklich oder unzulässig sind. Auf Grund der Ergebnisse der SQS wurden potentiell kritische Codeteile reimplementiert und damit die Sicherheit des Systems weiter erhöht. Weiter wurde die Komplexität der Funktionen ermittelt. Hierbei kamen die Metriken

- Zyklomatische Komplexität
  Die Zyklomatische Komplexität (v(G)) ist ein Maß der Komplexität der Entscheidungsstruktur eines Moduls. Es ist die Anzahl von linear unabhängigen Pfaden und deshalb die minimale Anzahl von Pfaden, die getestet werden sollten, um sich vernünftig vor Fehlern zu schützen. Eine hohe zyklomatische Komplexität bedeutet, dass der Code von geringer Qualität und schwer zu testen und zu pflegen sein könnte. Zusätzlich haben empirische Studien einen Zusammenhang zwischen

einer hohen zyklomatischen Komplexität und der Neigung einer Software zu Fehlern nachgewiesen.

- Essentielle Komplexität
  Die Essentielle Komplexität (ev(G)) ist ein Maß über die Höhe, in der ein Modul unstrukturierte Konstrukte enthält. Unstrukturierte Konstrukte vermindern die Qualität des Codes und erhöhen den erforderlichen Aufwand den Code zu pflegen und ihn in einzelne Module zu zerlegen. Wenn die essentielle Komplexität hoch ist, gibt es eine große Anzahl von unstrukturierten Konstrukten, so dass die Modularisierung und Pflege schwierig ist. So fügt man tatsächlich oft während der Pflege, wenn man einen Fehler behebt, an irgendeiner anderen Stelle im Code einen neuen Fehler ein.

- Designkomplexität
  Die Design Komplexität ist ein Maß für die Anzahl der Interaktionen zwischen den Modulen in einem Programm. Sie liefert eine Zusammenfassung der Modul Design Komplexitäten der Systemkomponenten und mißt den erforderlichen Aufwand für einen bottom-up Integrationstest. Diese Metrik liefert außerdem ein umfassendes Maß der Größe und der Komplexität vom Design eines Programms, ohne die internen Berechnungen von einzelnen Modulen widerzuspiegeln. Systeme mit hoher Design Komplexität haben oft komplexe Interaktionen zwischen den Komponenten und sind meist schwer zu pflegen.

nach McCabe zum Einsatz. Hier konnten die Prüfer beispielsweise aufzeigen, wo die Software zu verschachtelt war. Grosse Verschachtellungstiefen erschweren das Testen und verringern die Lesbarkeit und Verständlichkeit des Codes. In Folgeversionen der Software führten die Entwickler entsprechend den Hinweisen der SQS ein Re-Design von einigen Teilen der Software durch.

Für die dynamischen Tests definierten die Validierer eine Test Design Specification (TDS) auf der Systemebene. Hier wurden Testklassen definiert, die als Vorgaben für die Entwicklung der Testfälle dienen. Testklassen beleuchten einen einzelnen Aspekt des System, z.B. den Wiederanlauf der TAS Platform oder das Versenden von Nachrichten. Grundlage für die Erstellung der Testklassen waren die SRS und die FMEA. Die Validierer analysierten die beiden Dokumente und identifizierten Anforderung und erkannte Gefährdungen, die funktional zusammenhängen. Die Testfälle wurden im Entwicklungslabor der Alcatel Austria in Wien entwickelt. Zur Kontrolle wurden alle Testfälle per EMail zu den Validierern nach Hamburg geschickt und dort kontrolliert. Bei Fehlern oder unvollständig definierten Testfällen setzen die Validierer elektronisch einen Problemreport ab, der den zuständigen Entwicklern zugestellt wurde. Nach Abschluss der Testfallentwicklung wurden die dynamischen Tests im Testlabor durchgeführt. Alle Tests wurden mindestens zweimal ausgeführt. Ein Testlauf diente zur Codecoverage-Messung, wofür der Testling imstrumentiert werden musste . Durch die Messung der Codeteile, die durch die Tests durchlaufen wurden, konnte ermittelt werden, welche Codeteile nicht durch Tests angesprochen werden. Nicht durchlaufende Codeteile wurden von den Entwicklern kommentiert und anschließend von den Validierern begutachtet. So konnte sichergestellt werden, dass jede implementierte Zeile des Programmcodes entweder durch einen dynamischen Test oder durch eine Inspektion abgedeckt ist. Im zweiten Testlauf, mit dem nicht instrumentierten Testling, wurde das Testergebnis ermittelt.

Bei einem fehlerhaften Testergebnis haben die Validierer eine Fehlermeldung geschrieben und per E-Mail an die Fehlerdatenbank der Alcatel Austria in Wien geschickt. Beim Eintreffen der Fehlermeldungen, wurden die Entwickler sofort informiert und konnten mit der Fehleranalyse beginnen. Das Ergebnis der Analyse und die vorgeschlagenen Änderungen wurden zu der Fehlermeldung erfasst und automatisch an die Validierer geschickt. Diese prüften die vorgeschlagenen Änderungen und bestimmten den Zeitpunkt, wann die Änderungen durchgeführt werden durften. Ferner ermittelten die Validierer die Auswirkungen der Änderungen auf bereits fertige Testläufe und verlangten u.U. die Wiederholung einzelner Tests. Hierbei hat sich das Konzept der Testklassen und die automatische Testumgebung wieder bewährt, da die Ermittlung einzelner zu wiederholender Testfälle aufwendig gewesen wäre. Es reichte Testklassen zu nennen, die erneut ablaufen müssen. Durch die automatische Testumgebung war es einfach, gesamte Testklassen, teilweise mit mehreren hundert Testfällen, zu starten und die Ergebnisse am nächsten Tag zu prüfen.

Rückblick :

Die TAS Platform wurde bereits in mehreren Version vom Eisenbahnbundesamt zugelassen. Dieses Ziel wurde gemeinsam von den Entwicklern und den Validerern erreicht. Im Laufe der Abstimmungsgespräche gab es teilweise hitzige Diskussionen über das Vorgehen und die Ziele. Am Ende einigte man sich aber immer auf ein Vorgehen, das das gemeinsame Ziel, die Zulassung der TAS Platform, erreichbar machte. Dabei haben beide Seiten durch die Zusammenarbeit gelernt. Alcatel und SQS definierten gemeinsam Verfahren und Methoden, die bei der immer größer werdenden Komplexität der Software für die Entwicklung und Validierung eingesetzt werden können. Die Validierer sind im Rahmen der aktuellen Entwicklung beim gesamten Entwicklungsprozess an Bord, um z.B. Designentscheidungen gemeinsam zu treffen und so die Grundlagen für eine erfolgreiche Validierung zu schaffen.
Die TAS Platform wird bereits in mehreren signaltechnischen Projekten, wie Stellwerken und Fahrzeuggeräten, erfolgreich eingesetzt.

Ausblick :

Die Entwicklung der TAS Platform ist noch nicht beendet. Weitere Anforderungen von Applikationen, die auf der TAS Platform aufsetzen wollen, werden in neue Versionen integriert. Ferner wird die TAS Platform auf weitere Hardware-Plattformen portiert, um den Anwender ein breites Einsatzspektrum zu bieten. Dabei muss jede Kombination von Hardware- und Software-Version validiert und zugelassen werden. Auch hierfür wurden Prozeduren entwickelt, die den Aufwand der Validierung und des Testprozesses minimieren, um eine kostengünstige Lösung zu erhalten.

Trotzdem wird jede neue Version von der Validierung kritisch begutachtet, denn die Software soll in sicherheitkritischen Systemen zum Einsatz kommen.

Literatur :

Doppelbauer,J.:Neues Basissystem für signaltechnisch sichere Anwendungen, SIGNAL+DRAHT; 1998, Heft 10

Warlitz,J.: Rechnerplattformen in der Signaltechnik, SIGNAL+DRAHT; 1999, Heft 12

Mü 8004-Leitlinie zur Programmiersprache C, Ausgabe 01.01.1998, Eisenbahn-Bundesamt

CENELEC EN 50 128, Railway applications - Software for railway control and protection systems, March 2001

Entwurf und Implementierung von zertifizierbaren Verläßlichkeits-Funktionen für die Fuzzy-Führungsregelung eines chemischen Prozesses mit analytischer Redundanz

G. Thiele, Th. Laarz, J. Westerkamp, R. Neimeier, G. Schulz-Ekloff, L. Renner, E. Balep

Universität Bremen, FB1
Institut für Automatisierungstechnik
Otto-Hahn-Allee, 28359 Bremen
thiele@iat.uni-bremen.de

Abstract. Das Problem der Zertifizierbarkeit von Regler-Tasks in der Automatisierungstechnik kann weitgehend durch Verwendung der Funktionsblockdiagramm (FBD) - Sprache nach IEC 61131-3 für den Regler-Entwurf und durch Stützung auf das Prinzip der "Verifikation durch Inspektion" gelöst werden, wenn bereits zertifizierte Funktionsblöcke (FB) zur Verfügung stehen. Allerdings wird bei umfangreichen Problemen nun zur Reduzierung der FBD-Komplexität die Verwendung "abgeleiteter FBe" und damit der Entwurf einer ganzen Schichten-Hierarchie von FBen erforderlich.
Die Strukturierung des FBDs mit abgeleiteten FBen (Regelungs-Komponenten / Fehlertoleranz-gerichtete Komponenten) kann sich an inhärent vorhandenen Hierarchie-Ebenen unterschiedlicher konzeptioneller Bedeutung bezüglich der Aufgabenstellung orientieren. In der Überwachungs-Ebene wird dabei z.B. entsprechend der Unterscheidung und Einschätzung der verschiedenen Stati der Meßwerte und der analytischen Redundanz die Zuordnung entsprechender Verläßlichkeits - Funktionen zur Fehler-Behandlung ermittelt.
Am Beispiel einer bei Sensorfehlern und möglichen Ausfällen der analytischen Redundanz verläßlichen Fuzzy-Führungsregelung eines chemischen Prozesses werden Entwurf und Implementierung einer zertifizierbaren fehlertoleranten Reglertask in FBD-Sprache sowie deren simulative Validation in verschiedenen Betriebsmodi unter Einbezug des Wissens der Fachexperten erläutert.
Insbesondere wird auf den modularen Entwurf der Überwachungs-Ebene der hierarchischen Regler-Architektur und auf Erfahrungen bei der Implementierung des Regler-Entwurfs auf einer µSPS (IEC 61131 / CoDeSys) unter Verwendung der Portierung ausgetesteter FBe einer PEARL-SPS eingegangen. Außerdem werden einige konzeptionell begründete Empfehlungen zur Verbesserung der Unterstützung der "Verifikation durch Inspektion" gegeben.

1. Einleitung und Problemstellung

In [1] wird hervorgehoben, daß "die erfolgreiche Entwicklung und Verifikation einer autonomen Überwachungseinheit für die fehlertolerante Regelung technischer Prozesse sehr stark vom Entwurf einer geeigneten Software (SW) - Architektur abhängt, die eine übersichtliche Zuordnung der entsprechenden Funktionen zu unterschiedlichen SW-Komponenten erlaubt". Diese Funktionen werden im modernen Sprachgebrauch auch Verläßlichkeits-Funktionen [2,3] genannt. In der speziellen Ausrichtung auf Sicherheit spricht man von Sicherheits-Funktionen [4]. Die Forderung nach einer geeigneten SW-Architektur trifft nun genauso auf das Problem der Zertifizierbarkeit von Regelungssoftware, insbesondere mit integrierten fehlertoleranzgerichteten Komponenten [5,6], zu. Das sich hier als tragfähig erweisende Konzept der "Verifikation durch Inspektion" an Hand des SW-Entwurfs in Form von Funktions-Block-Diagrammen (FBD) [7] kann bei komplexen Regelungen häufig nur durch problemorientierte hierarchische Strukturierung des FBDs unter Verwendung entsprechender "abgeleiteter FBe" [7] durchgehalten werden [2], denen deshalb u.U. der Vorrang gegenüber der Standardisierbarkeit [8] gegeben werden muß. Eine wesentliche Voraussetzung für den Erfolg eines solchen SW-Entwurfs ist die Beteiligung von Fachexperten an der Verifikation, die i.a. nur dann gegeben ist, wenn die FBD-Architektur eine fachtechnische Diskussion über die Korrektheit der SW ermöglicht. Dies trifft z.B. auf einen expliziten Objekt-orientierten Kontext i.a. nicht zu.

An Hand des Fallbeispiels eines chemischen Prozesses [9, 17] wird die hierarchische Architektur einer zertifizierbaren und gegen Sensorausfälle toleranten Führungsregelung vorgestellt unter Berücksichtigung von Verläßlichkeitsfunktionen auch für den Fall eines möglichen Versagens der verwendeten analytischen Redundanz. Die Implementierbarkeit auf einer kommerziellen µSPS unter Berücksichtigung der Portierung von Anwender-FBen einer PEARL-SPS [2] wird demonstriert. Eine Reihe von dabei allerdings deutlich gewordenen konzeptionellen Merkmalen, die eine Verifikation durch Inspektion erschweren, werden im Hinblick auf wünschenswerte Verbesserungen diskutiert.

2. FBD-Architektur

2.1 Drei-Ebenen-Hierarchie

Eine zur Beherrschung der Komplexität mit dem Ziel der Bewahrung der Verifizierbarkeit durch Inspektion geeignete FBD-Architektur besteht mindestens aus zwei hierarchischen Ebenen. Die "untere" Ebene wird dabei durch den die Regelung repräsentierenden Grundregelkreis (Ebene 1) gebildet, zu dem hier auch eine eventuell vorhandene Regler-Adaption gerechnet werden soll. Eine weitere Ebene (Überwachungsebene) wertet die im Grundregelkreis verfügbaren Informationen über aufgetretene Fehler aus und wirkt als Ergebnis dieser Auswertung über vorhandene fehlertoleranzgerichtete Komponenten in geeigneter Weise auf den geregelten technischen Prozeß verläßlichkeitsgerichtet, mindestens aber sicherheitsgerichtet, ein. Im Bereich "self-tuning control" wird für ein solches Vorgehen auch der Begriff "jacketting" [10] verwendet.

Die Transparenz des FBDs kann ggf. noch weiter erhöht werden, wenn man die Überwachungs-Ebene ihrerseits nochmals in zwei Ebenen untergliedert. Dabei übernimmt die "höhere" dieser beiden Ebenen (Ebene 3) die eigentliche Fehler-

Einschätzung und (wissensbasierte) Schlußfolgerung (FII = Fault Identification and Inference). Die andere Ebene (Ebene 2) übernimmt einerseits die Fehler-Erkennung und -Lokalisierung (FDI = Fault Detection and Isolation) und andererseits die Fehler-Behandlung (FAR = Fault Accomodation and Reconfiguration) (Bild 1). Darüber hinaus kann die Ebene 2 die Aufgabe einer Schnittstelle zwischen dem Grundregelkreis und der Ebene 3 wahrnehmen, etwa die Anpassung einer gegebenen Funktionalität der Ebene 3 an eine im aktuellen Anwendungsfall veränderte Situation im Grundregelkreis, z.B. im Falle einer nicht (mehr) vorhandenen Option zur Regler-Rekonfiguration. In Bild 2 (FB FAR) ist z.B. ein OR-FB gestrichelt angedeutet, der in diesem Fall das Ausgangssignal "fsu" (fail-safe uncontrolled) nicht mehr nur aus dem Eingangssignal "fsu", sondern als dessen Oder-Verknüpfung mit den Eingangssignalen "Rek_c" und "Rek_T" (Rekonfigurierung zur Struktur eines "c-Reglers" bzw. eines "T-Reglers") bildet.

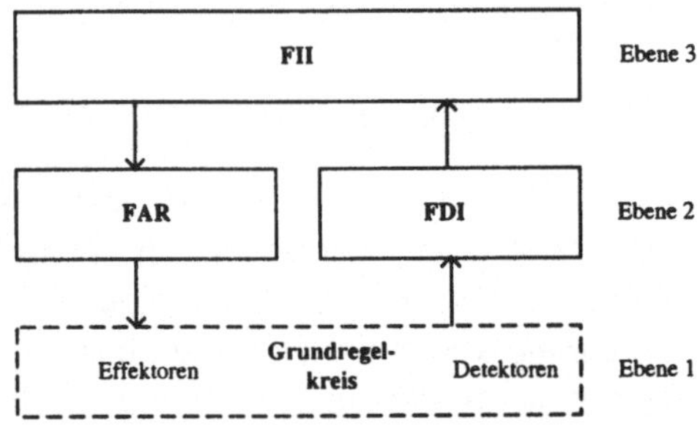

Bild 1. Hierarchische Architektur eines Regelkreises mit fehlertoleranzgerichteten Komponenten

2.2 FBD-Entwurf und Zulässigkeit der Rechenfolge

Bei der Zuordnung von Verläßlichkeitsfunktionen zu den verschiedenen Ebenen der FBD-Hierarchie ist die Zulässigkeit der Berechnungsfolge der FBe (Rechenfolge) ein wesentliches Merkmal für die Korrektheit des SW-Entwurfs. Folgende Entwurfs-Regeln sind einzuhalten:

(1a) Die Ausgänge eines FBs können nur dann berechnet werden, wenn sämtliche Eingangsgrößen bereits berechnet sind.

(1b) Lediglich zum Startzeitpunkt der Regelung dürfen die Eingangsgrößen von solchen FBen noch undefiniert sein, die Zustände des Regelkreises repräsentieren, da in diesem Fall die FB-Ausgangsgrößen entsprechend den (parametrierten) Anfangswerten initialisiert werden.

(2) Jeder FB darf nur genau einmal pro Abtastzeitpunkt berechnet werden, da sonst die Rechenfolge nicht endlich wäre.

Entsprechend dem Ziel der "Verifikation durch Inspektion" wird die Beachtung folgender zusätzlicher Regeln empfohlen:

(3) Freiheiten in der Wahl einer zulässigen Rechenfolge sollten im Sinne der Erfüllung konzeptionell begründeter Nebenbedingungen genutzt werden.

(4) Verläßlichkeitsfunktionen sollten im Sinne einer geringen Komplexität (abgeleiteten) FBen zugeordnet werden, in denen sie auch benötigt werden, jedenfalls dann, wenn keine "natürliche Zuordnung" zu einer höheren Ebene aus konzeptioneller Sicht berücksichtigt werden muß [2].

Diese Regeln sind auf allen Ebenen jeglichen Abstraktionsgrades (Task-Ebene, Ebene abgeleiteter FBe beliebiger Entwurfstiefe) einzuhalten, und ihre Erfüllung muß im Rahmen der Verifikation durch Inspektion überprüft werden.

Nach den Regeln 1 und 2 ergibt sich auf Task-Ebene ein Informationsfluß im Sinne von Bild 1 mit einer "geteilten" Ebene 2 (abgeleitete FBe FDI und FAR). Als eine weitere Konsequenz kann der Grundregelkreis nicht in einem einzigen abgeleiteten FB, wie in Bild 1 gestrichelt angedeutet, zusammengefaßt werden.

3. Detektoren und Effektoren der Hierarchie-Ebene 1

CAN-Kommunikations-Fehler werden bereits durch die FBe vom Typ ADCAN des Grundregelkreises detektiert und damit auch lokalisiert [5] (Bild 2). Über die Multiplexer (7,8) als Effektoren werden nicht mehr verfügbare Meßgrößen durch die von der analytischen Redundanz gelieferten rekonstruierten Meßgrößen ersetzt. Sollte weder eine Rekonstruktion (graceful degradation) noch eine Prädiktion (kontrollierte Sicherheit) bei Ausfall der analytischen Redundanz möglich sein, kann die Sicherheit durch zusätzliche Effektoren (14, 15) zum "harten Umschalten" von der Regelung auf ein sicheres autonomes Verhalten des Prozesses erzwungen werden (erzwungene Sicherheit [2]). Ist eine Regler - Rekonfigurierbarkeit vorhanden, so ermöglicht diese im Fehlerfall ein "erweitertes graceful degradation" relativ zur "kontrollierten Sicherheit" (vgl. Abschnitt 5).

4. Verläßlichkeits-Funktionen der Hierarchie-Ebene 2

4.1 Fehler-Erkennung und -Lokalisierung (FDI)

In ihrer Funktion als "Lieferanten" der Meßwert-Rekonstruktionen gehört die analytische Redundanz (repräsentiert durch Zustands-Beobachter [5]) eigentlich zur Fehlerbehandlungs-Komponente des Regelkreises. Dennoch ist im Hinblick auf die Zulässigkeit der Rechenfolge bei Überwachung der Stabilität der Beobachter an Hand der von ihnen zu liefernden "Divergenz-Informationen" ("div" in Bild 2) eine Zuordnung zur Fehler-Erkennung und -Lokalisierung erforderlich. Ein weiterer Grund hierfür ist die Erkennung von Meßunsicherheiten [11] mit Hilfe der Beobachter an Hand der Differenzen aus gemessenen und rekonstruierten Größen (Residuen). Der Einfluß der Meßunsicherheiten kann hierdurch auf den FDI-FB beschränkt werden.

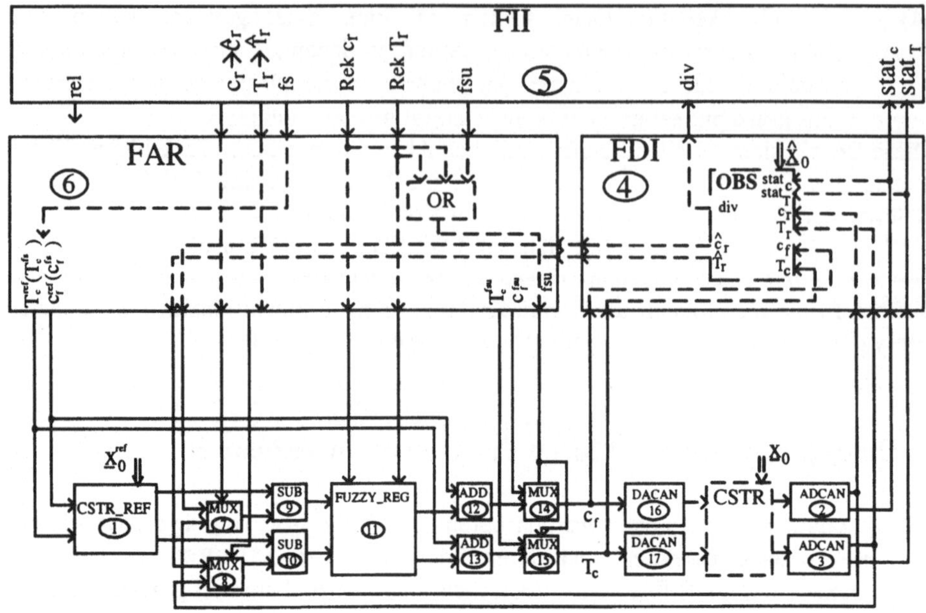

Bild 2. Konzeptioneller Entwurf einer Regelung mit fehlertoleranzgerichteten Komponenten und zulässiger Rechenfolge (1-17)

4.2 Fehler-Behandlung (FAR)

Werden zum Zwecke der leichteren Lokalisierung von Meßunsicherheiten nur Beobachter mit je einer Meßgröße eingesetzt [5], kann eine eventuelle "optimale" Auswertung der rekonstruierten Größen in Abhängigkeit der Ausfallfolge der Sensoren [5] im Rahmen der Fehlerbehandlung durchgeführt werden. Diese entfällt allerdings bei Beschränkung auf einen einzigen aber rekonfigurierbaren Beobachter, der alle verfügbaren Meßgrößen verwendet. Einem größeren Aufwand bei der Lokalisierung von Meßunsicherheiten steht hier eine wesentlich verringerte Rechenzeit durch Beschränkung auf nur eine einzige numerische Integration des Beobachtungs-Modells sowie eine verbesserte Stabilisierbarkeit des Beobachtungsfehlers gegenüber. Anders als in dem ausschließlich auf Fehler-Erkennung ausgerichteten Vorschlag in [13] muß bei der hier angewendeten Messwert - Rekonstruktion der Beobachter allerdings rekonfigurierbar entsprechend den (jeweils noch) zur Verfügung stehenden Meßgrößen sein, wobei die Umschaltung auf Prädiktion den Sonderfall des Ausfalls aller Meßgrößen abdeckt. Diese Variante ist im FB "FDI" in Bild 2 gestrichelt angedeutet ("OBS").

Der Austausch von Informationen zwischen FDI- und FAR-Komponente, wie bei den rekonstruierten Meßwerten, erfolgt sinnvollerweise nicht über die übergeordnete Ebene 3, da die Rekonstruktionen dort gar nicht ausgewertet werden, sondern vielmehr direkt, d.h., bezogen auf die FBD-Hierarchie, "horizontal" (Bild 2).

In der FAR-Komponente können nun u.a. die Funktion der Re-Parametrierung der Referenzstellgrößen (für den Übergang in den fail-safe Zustand) [5] bzw. das eventuelle Fehlen einer Rekonfigurierungsmöglichkeit des Fuzzy-Reglers berücksichtigt werden, indem bei einer auf Ebene 3 resultierenden Schlußfolgerung zur Rekonfigurierung der Regelkreis in diesem Fall ebenfalls auf "erzwungene Sicherheit" geschaltet wird (mit den FBen 14 und 15 in Bild 2).

5. Verläßlichkeits-Funktionen der Hierarchie-Ebene 3

Auf der Ebene 3 wird an Hand der relevanten Statusinformation des geregelten Prozesses (Funktionsfähigkeit der Sensoren auf Ebene 1 und Funktionsfähigkeit der analytischen Redundanz auf Ebene 2) entschieden, ob die aktuelle, ggf. im Sinne "graceful degradation" eingeschränkte, Betriebsweise des Prozesses fortgesetzt werden kann, oder ob in einen Fail-safe-Zustand übergegangen werden muß. Dies ist z.B. davon abhängig, ob trotz eines aufgetretenen Sensorfehlers oder trotz Ausfall (eines Teils) der analytischen Redundanz eine Betriebsweise möglich ist, bei der immer noch eine "Sicherheits-Reserve" [14] verbleibt. Dies ist der Fall, wenn beim Versagen weiterer Sensoren immer noch eine modifizierte Betriebsweise (wenn auch mit i.a. weiter verringerter Sicherheitsreserve) oder aber jedenfalls noch die Überführung in einen sicheren Zustand möglich ist.

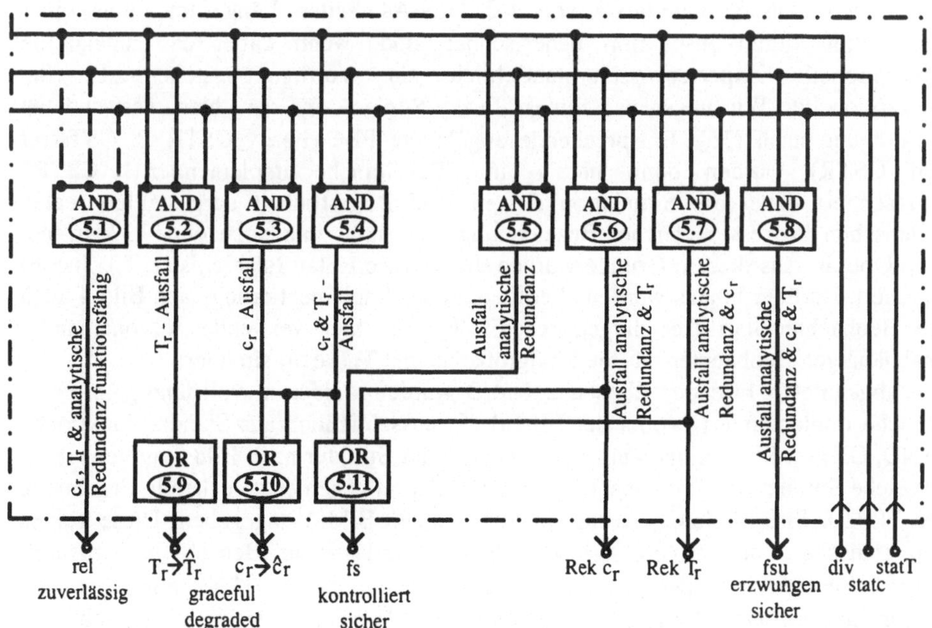

Bild 3. FBD der Fehlereinschätzung und Schlußfolgerung für einen rekonfigurierbaren Beobachter

Im Falle des betrachteten chemischen Prozesses gibt es jeweils eine Statusinformation zur Kommunikationsfähigkeit mit den CAN-Sensoren für die Konzentration c_r des Eduktes im Reaktionsgemisch (statc) und für die Temperatur T_r des Reaktionsgemisches (statT) sowie eine Statusinformation über eine mögliche Divergenz des als analytische Redundanz fungierenden rekonfigurierbaren Beobachters. Eine Auswertung der acht möglichen Prozeßzustände (kodiert durch die drei Eingänge) in Form der durch Expertenwissen geprägten Schlußfolgerungen (Ausgänge), die beim jeweils nächsten Abtastzeitpunkt im Sinne einer entsprechenden Betriebsweise des Prozesses zur Wirkung kommen, sind in Bild 3 dargestellt. Dabei sind die Rechenfolge-Positionen der FBe als Komponenten des übergeordneten (abgeleiteten) FBs mit der Position 5 zusätzlich gekennzeichnet.

6. Implementierung auf μSPS mit CoDeSys

6.1 Vorgehensweise

Zur Implementierung des Entwurfs nach Bild 2 auf einer μSPS unter Verwendung der CoDeSys-Software [12] in der Ausprägung nach Bild 4 wurden zunächst die nicht standardisierten "Basis-FBe" von einer PEARL-SPS-Implementierung [2] in PEARL 90 nach ST (Structured Text) unter Beachtung der Empfehlungen [15] portiert. Dabei zeigte sich, daß ST-Quelltexte von 1-2 DIN-A4 Seiten Länge im Sinne einer Verifikation durch Inspektion beherrschbar sind, wenn dabei das unterstellte konzeptionelle Expertenwissen tatsächlich zur Verfügung steht, z.B. die konzeptionelle Wirkungsweise eines Fuzzy-Reglers in der hier verwendeten Ausprägung nach [16]. Entsprechende abgeleitete FBe (Fuzzy_CSTR_P, CSTRref und CSTR) wurden dann bereits in FBD-Sprache implementiert. "CSTR" repräsentiert dabei die Simulation des in Bild 2 gestrichelt dargestellten realen technischen Prozesses gleicher Bezeichnung, allerdings hier noch ohne HW-in-the-loop-Option. Aus diesem Grunde wurden die Meßwert-Stati ($stat\_c_r$, $stat\_T_r$) (noch) simuliert. Darüber hinaus wurden allerdings in der Implementierung nach Bild 4 auch die Beobachter-Stati ($res\_div\_c_r$, $res\_div\_T_r$) der hier verwendeten voneinander unabhängigen Beobachter für die Meßgrößen c_r und T_r (noch) simuliert.

Die abgeleiteten FBe der Ebenen 2 und 3 wurden wiederum vollständig in FBD-Sprache implementiert, wobei der FII-FB (5) ausschließlich aus Standardfunktionen (AND, OR) im Sinne einer Verallgemeinerung der Struktur nach Bild 3 aufgebaut ist. Typische Simulations-Ergebnisse, die zur Validation gegen entsprechende Ergebnisse der PEARL-SPS-Implementierung dienten, sind in Bild 5 angegeben. Diese zeigen u.a. typische Umschaltvorgänge zwischen "zuverlässigem Betrieb" / "graceful-degradation-Betrieb" (periodischer Verlauf = Grenzzyklus [17]) einerseits und "kontrolliert-sicherem Betrieb" (t = 29 min) bzw. "erzwungen sicherem Betrieb" (t = 57 min) andererseits und die jeweilige Rückkehr in den "zuverlässigen Betrieb" (t = 42 min bzw. t = 87 min).

In Bild 5 sind zusätzlich die jeweiligen Intervalle verdeutlicht, in denen die Sensoren bzw. die analytische Redundanz (Beobachter) nicht verfügbar sind.

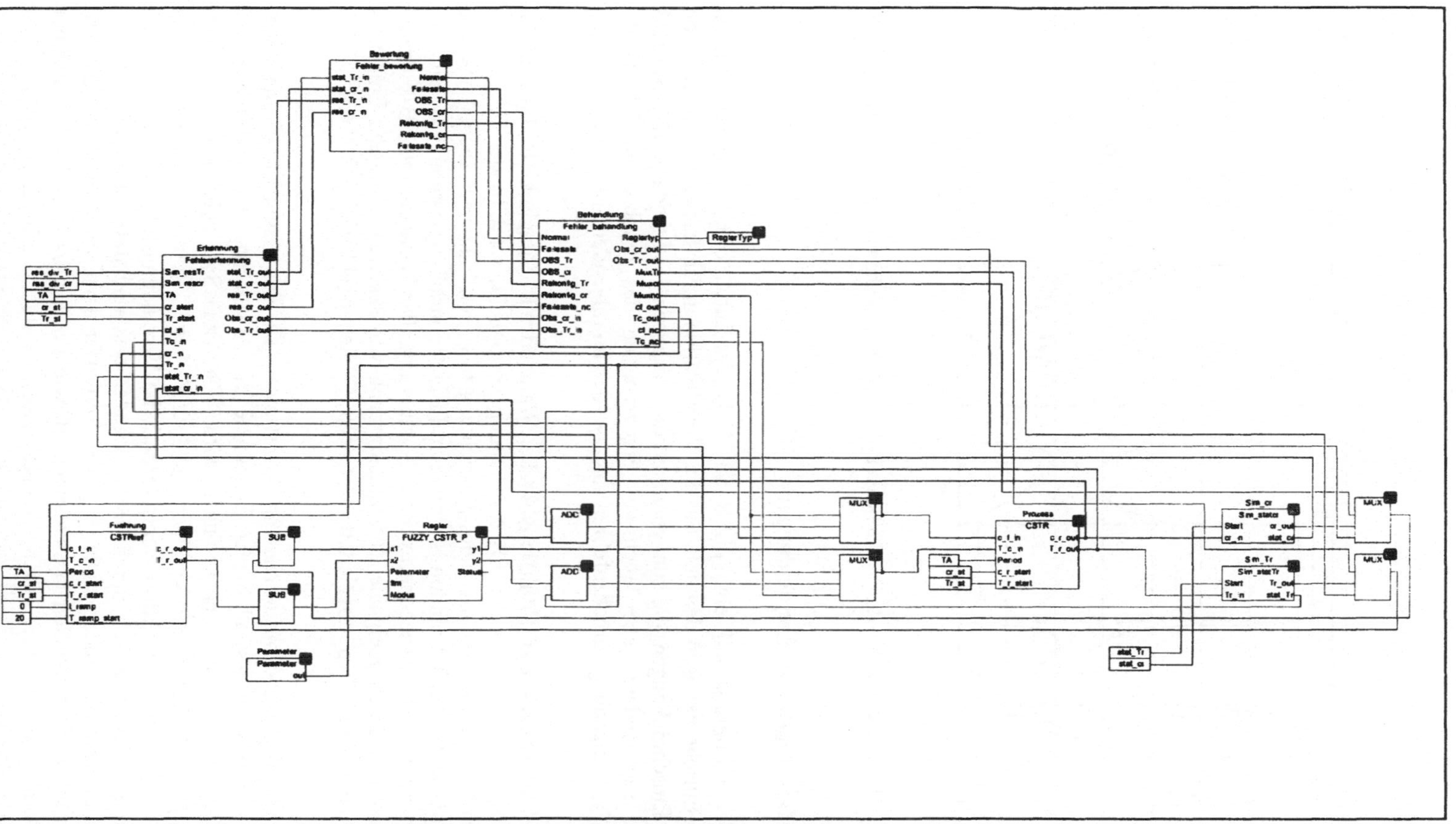

Bild 4. CoDeSys-Implementierung des Reglers nach Bild 2

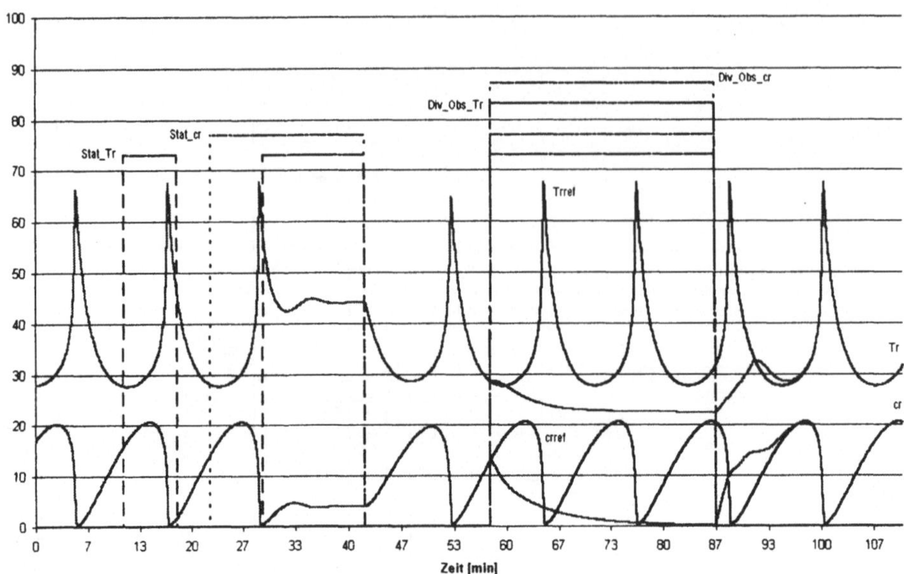

Bild 5. Validation des Verläßlichkeits-Verhaltens des chemischen Prozesses

6.2 Erfahrungen und Empfehlungen

Bei der Portierung auf eine μSPS mit CoDeSys-Entwicklungsumgebung wurden einige Einschränkungen deutlich, die die "Verifikation durch Inspektion" erschweren. Diese Einschränkungen, die zum einen auf die Vorgaben des Standards IEC 61131-3, ed. 2, zum anderen aber auch auf Eigenschaften des graphischen Editors der CoDeSys-Umgebung zurückzuführen sind, werden im folgenden kommentiert.

6.2.1 Ausrichtung der Funktionsblöcke. Während z.B. Simulink [6] Invertierung und Drehung als Mittel der FB-Ausrichtung ermöglicht, schreibt der IEC 61131-Standard, ed. 2, die Ein-/Ausgangs-Ausrichtung fest "von links nach rechts" vor, was die Transparenz der Verbindungsführung im FBD beeinträchtigen kann (z.B. Bild 4). Die ebenfalls vorgeschriebene explizite Ausführung aller Parameter als FB-Eingänge ist allerdings durch geeignete Zusammenfassung von skalaren Parameter-Eingängen zu Eingängen vom Typ "abgeleiteter Datentyp" [7] beherrschbar.

6.2.2 Verbindungs-Konfigurierung. Es ist zwar "auf den ersten Blick" angenehm, daß durch Markierung allein der Endpunkte die Ausführung der Verbindung von CoDeSys automatisch übernommen wird. Da CoDeSys aber natürlich keine "konzeptionell begründete Verbindungsführung" kennt, kommt leicht eine für die Verifikation durch Inspektion wenig förderliche Verbindungsführung zustande. Eine Option zur ausschließlich durch den Anwender bestimmbaren Verbindungsführung wäre hier wertvoll. Anderenfalls neigt der Entwerfer dazu, die Platzierung der FBe nicht nach konzeptionellen Gesichtspunkten, wie zur Verifikation durch Inspektion gefordert, sondern eher nach "einigermaßen klarer Verbindungsführung von

CoDeSys" vorzunehmen, wozu ihn natürlich die "Verschiebbarkeit der FBe samt ihren Verbindungen" noch zusätzlich "ermutigt". Oder aber er verzichtet sogar auf entsprechende explizite Verbindungen ganz und stellt diese implizit über Variablen der entsprechenden Programm-Organisations-Einheit (POU) [7] her. Auch dies erschwert die Verifizierbarkeit durch Inspektion.

6.2.3 Rechenfolge-Definition. Da in komplexen FBDen mit diversen Rückführungen (z.B. Bild 4) eine automatische Rechenfolge-Bestimmung "nach Datenfluß" schon deshalb nicht möglich ist, weil der Such-Algorithmus bei Anwender-FBen "nicht weiß", ob diese Speicherverhalten haben (wodurch zum Startzeitpunkt die Ausgänge definiert sein können, ohne daß es die Eingänge bereits sein müssen), wäre eine Option zur Nummerierung "in FB-Platzierungs-Reihenfolge" wünschenswert. Diese kann man häufig bereits problemorientiert vorbereiten, so daß nur beim Erweitern des FBDs die Optionen zum Ändern der Rechenfolge ("an den Anfang", "an das Ende", "eine Position vor", "eine Position zurück" [12]) benötigt werden. Eine automatische Festlegung "nach Topologie" [12] ist bei hierarchisch strukturierten FBD-Architekturen eher irreführend.

7. Ausblick

Es zeigt sich, daß bei Ergänzung um einige Optionen in zukünftigen Versionen des CoDeSys-Systems dieses die "Verifikation durch Inspektion" und damit die Nutzung des Expertenpotentials für die Verifikation [2] unterstützt. Noch nicht geklärt werden konnte die Frage, ob und wie die "Klemmen-orientierte" CAN-Schnittstelle der µSPS die Suspendierung von Tasks und ihre Fortsetzung in TimeOut-Situationen unterstützt, um eine Reaktion der ADCAN-FBe auf diese Situationen in Form einer entsprechenden Statusmeldung zu ermöglichen.

Ein weiteres Problem ist die derzeit in ST (IEC 61131) fehlende Möglichkeit einer Ausnahme-Behandlung. Dadurch kann ein sich während der numerischen Integration des nichtlinearen Beobachter-Modells des chemischen Prozesses entwickelndes instabiles Verhalten nicht abgefangen werden, um z.B. durch Re-Initialisierung des betroffenen Beobachters einen "Absturz" der Regelung zu verhindern. Die Alternative, nur jeweils über entsprechend kurze Zeitintervalle zu integrieren, so daß man das sich entwickelnde instabile Verhalten rechtzeitig im Regler erkennt, ist i.a. nicht geeignet, weil dies Rechenzeitprobleme durch zu kleine Abtastintervalle bedeuten kann und damit diese Alternative bei Problemen der Größenordnung entsprechend Bild 4 u.U. schon nicht mehr anwendbar ist.

Literatur

[1] M. Blanke, C. W. Frei, F. Kraus, R. J. Patton, M. Staroswiecki (2000). What is Fault-Tolerant Control? In A. M. Edelmayer, C. Banyasz (Eds.): *Proc. SAFEPROCESS 2000*, Budapest, pp. 40-51.

[2] G. Thiele, R. Neimeier, L. Renner, E. Wendland, G. Schulz-Ekloff (2001). Zur Entwicklung zertifizierbarer fehlertoleranter Realzeit-Software mit Funktionsblock-Diagrammen für die Automatisierung. In P. Holleczek, B. Vogel-Heuser (Hrsg.): *Proc. PEARL 2001, Echtzeit-Kommunikation und Ethernet / Internet*. Springer-Verlag, pp. 77-86.

[3] M. Kaaniche, J.-C. Laprie, J.-P. Blanquart (2002). A framework for dependability engineering of critical computing systems. *Safety Science* 40 (9), pp. 731-752 (available online 3 January 2002).

[4] IEC (1998). IEC 61508-3. *Functional safety of electrical / electronic / programmable electronic safety-related systems, Part 3: Software requirements*. IEC, Geneva.

[5] R. Neimeier, Y. Elobaid, A. Partschefeld, G. Thiele, G. Schulz-Ekloff (2001). Zertifizierbare Fehlertoleranz-gerichtete Realzeit-Software zur verläßlichen Fuzzy-Regelung eines CSTR-Prozesses. A. Gräser, B. Lohmann (Hrsg.): *Proc. 21. Koll. der Automatisierungstechnik*, Salzhausen 2000. Shaker-Verlag, pp. 151-162.

[6] V. Puig, J. Quevedo (2001). Fault-tolerant PID controllers using a passive robust fault diagnosis approach. *Control Eng. Practice* 9 (11), pp. 1221-1234.

[7] IEC (1999). *International Standard IEC 61131-3. Programmable Controllers - Part 3: Programming Languages*. 2nd ed., IEC, Geneva.

[8] A. Münnemann, U. Enste (2001). Systemtechnische Integration gehobener Regelungsverfahren. *atp* 43, H. 7, pp. 40-48.

[9] R. Neimeier, G. Thiele, G. Schulz-Ekloff, T. Vielhaben, B. Höpfner (1998). Objekt-basierte Simulation und Implementation der Regelung eines chemischen Prozesses mittels SPS nach IEC 1131. In P. Holleczek (Hrsg.): *Proc. PEARL 98, Echtzeitsysteme im Netz*, Springer-Verlag, pp. 59-69.

[10] D.W. Clarke (1986). Adaptive Control. In K. Warwick and D. Rees (Eds.): Industrial Digital Control Systems. *IEE Control Engineering Series* 29, pp. 190-220.

[11] K. Kolahi (1999). Selbstdiagnose von Prozeß-Sensorsystemen. Vortrag DFMRS Jahrestagung, Bremen, 1999.

[12] Smart Software Solutions GmbH (1999). *Handbuch zur SPS-Programmentwicklung mit CoDeSys 2.1*. CoDeSys for Automation Alliance CD-Vers. 2.11 (2001), 306 pp.

[13] S. Jakubek, H.P. Jörgl (2000). Sensor Fault-Diagnosis in a Turbo-Charged Combustion Engine. In A. M. Edelmayer, C. Banyasz (Eds.): *Proc. SAFEPROCESS 2000*, Budapest, pp. 560-565.

[14] W. Steinhorst (1999). *Sicherheitstechnische Systeme. Zuverlässigkeit und Sicherheit kontrollierter und unkontrollierter Systeme*, Vieweg-Verlag.

[15] PLCopen (2001). *IEC 61131 Language Subset for Programming Safety Related Systems*. Technical Paper PLCopen Technical Committee TC5, V 0.9, 17 pp.

[16] H.-P. Preuß (1993). Fuzzy Control in Process Automation. *International Journal of System Science*, Vol. 24, pp. 1849-1861.

[17] T. Vielhaben, G. Schulz-Ekloff, R. Neimeier, G. Thiele (2001). Design of fuzzy control for maintaining a CSTR in the steep section of its nonlinear characteristic. *Chemical Eng. and Technology*, Vol. 24, pp. 205-212.

Eine verläßliche Plattform zur Ausführung zertifizierbarer Echtzeitprogramme

Wolfgang A. Halang

Fachbereich Elektrotechnik und Informationstechnik
FernUniversität
58084 Hagen
Wolfgang.Halang@FernUni-Hagen.de

1 Einleitung

Zur Wahrnehmung sicherheitskritischer Automatisierungsaufgaben müssen informationsverarbeitende Systeme mit einem hinreichenden Grad an Vertrauen in ihre Verläßlichkeit erstellt werden können, der ihre formelle Zulassung zu vertretbaren Kosten durch die Aufsichtsbehörden erlaubt. Die auf dem Markt angebotenen sogenannten „sicheren speicherprogrammierbaren Steuerungen" können zwar eine TÜV-Abnahme ihres Geräteaufbaus vorweisen [6], enthalten jedoch keinerlei Vorkehrungen, die geeignet wären, die Korrektheit der darauf laufenden Programme zu gewährleisten. Um das Risiko falschen Steuer- und Regelverhaltens auszuschließen, muß jedoch streng nachgewiesen werden, daß entsprechende Programme ihre Spezifikationen erfüllen. Zwar gibt es schon eine Reihe bewährter Methoden und Richtlinien, die ihre Nützlichkeit für die Entwicklung und Validierung von Programmen zur Steuerung sicherheitskritischer technischer Prozesse erwiesen haben, jedoch können diese Maßnahmen beim derzeitigen Stand der Technik die Korrektheit größerer Programme noch nicht garantieren.

Um Abhilfe in dieser unbefriedigenden Situation zu schaffen, wurde ein spezialisiertes – und notwendigerweise äußerst einfaches – Mehrrechnersystem entwickelt [2], das sicherheitsbezogene Funktionen wahrnehmen kann. Gemäß bekannter und anerkannter Methoden wurde eine korrekt arbeitende und durch diversitäre Zweikanaligkeit fehlererkennende Rechner-Hardware entworfen. Die Verantwortung für die Erkennung von Fehlern obliegt darin einer Anzahl von Vergleichern mit ausfallsicherheitsgerichtetem Ausgabeverhalten. Die Hauptzielrichtung des Entwurfes war jedoch, die Verläßlichkeit von Anwenderprogrammen durch Merkmale der Architektur sicherzustellen, da Software bei weitem noch nicht so verläßlich ist wie Hardware. Die Originalität des verfolgten Ansatzes liegt darin, zum ersten Male durchgängig Unterstützung für die Verifikation sequentieller Programme bereits in der Architektur vorzusehen. In Form von Funktionsplänen auf einem Niveau formulierte Programme, das dem von Spezifikationen entspricht und damit deutlich über dem herkömmlicher höherer Programmiersprachen liegt, werden unmittelbar auf die ausführende Hardware abgebildet, wodurch die sonst für Rechner charakteristische semantische Lücke zwischen Software-Anforderungen und Fähigkeiten der Ausführungsplattform vermieden wird und auf noch nicht lizenzierbare Übersetzer und Betriebssysteme als mögliche Fehlerquellen verzichtet werden kann. Wesentliche Kennzeichen dieser Architektur sind Determinismus sowie vollständige Vorhersehbarkeit des Zeitverhaltens und Überwachung aller Aktivitäten des Rechnersystems. Es werden sowohl die diversitäre Rückdokumentation [5] als einzige von den Technischen Überwachungsvereinen anerkannte Verifikationsmethode für größere Programme als auch die in vielen Automatisierungsanwendungen einschließlich solcher mit Sicherheitsverantwortung auftretenden Ablaufsteuerungen unterstützt.

2 Funktionsplanprogrammierung

Direkte Verallgemeinerung des Entwurfs analoger und digitaler Schaltungen auf der Grundlage des Zusammenfügens standardisierter integrierter Schaltkreise führte zum Konzept der Funktionsblöcke, die Ein- und Ausgänge beliebiger Datentypen haben und beliebige Verarbeitungsfunktionen durchführen können. Die schematische Beschreibung logischer und funktionaler Beziehungen durch Symbole und konzeptionelle Signalflüsse darstellende Verbindungslinien garantiert leichte Verständlichkeit. Weitere Vorteile sind Orientierung an der Denkweise des Ingenieurs, Klarheit und inhärenter Dokumentationswert. Die Anzahl der Lösungsmöglichkeiten für ein gegebenes Problem wird durch graphische, funktionsblockorientierte Programmierung gegenüber textueller Formulierung deutlich reduziert. Deshalb eignet sich die Methode insbesondere zur Erstellung zertifizierbarer Anwendungen in sicherheitskritischen Umgebungen.

Die Richtlinie [7] zeigt, daß knapp 70 Funktionsblöcke zur Formulierung der überwiegenden Mehrheit aller in der Automatisierungstechnik eines größeren, abgeschlossenen Anwendungsbereiches – der chemischen Verfahrenstechnik – vorkommenden Aufgaben ausreichen. Dank ihrer Einfachheit und Universalität sind sie in vielen verschiedenen Zusammenhängen wiederverwendbar. Wegen ihrer geringen Komplexität läßt sich ihre Korrektheit z.B. mit Hilfe der Prädikatenlogik oder symbolischer Ausführung formal beweisen, sofern sie in einer dafür geeigneten Sprache wie den sicherheitsgerichteten Teilmengen von PEARL [3] formuliert sind. Ein solcher Nachweis ist notwendig, da ihr korrekter Betrieb oft entscheidend für die Erfüllung der harten Sicherheits- und Zuverlässigkeitsanforderungen der Gesamtsysteme ist. Die gleiche Beobachtung konnte auch bzgl. anderer industrieller Anwendungsgebiete gemacht werden, z.B. für Notabschaltsysteme, die sogar mit nur vier oder zwei Funktionsblöcken auskommen. Für jeden Anwendungsbereich ist – und zwar nur ein einziges Mal und nicht vom Anwender selbst – eine spezifische Familie von Funktionsblöcken zu identifizieren, vor ihrer Freigabe streng zu verifizieren („Typprüfung") und der entsprechende Objektcode aus Sicherheitsgründen in Nurlesespeichern bereitzustellen. Der Korrektheitsnachweis der Elemente einer Funktionsblockbibliothek ist aufwendig und kann nur von Spezialisten durchgeführt werden. Dieser Aufwand ist jedoch durch die Sicherheitsanforderungen gerechtfertigt und hält sich für jede einzelne Anwendung wegen der Wiederverwendbarkeit der Bibliotheken in Grenzen.

Gemäß Abb. 1 können auf der Basis solcher Bibliotheken Automatisierungsprogramme dann graphisch durch Verbinden von Blockinstanzen in der normier-

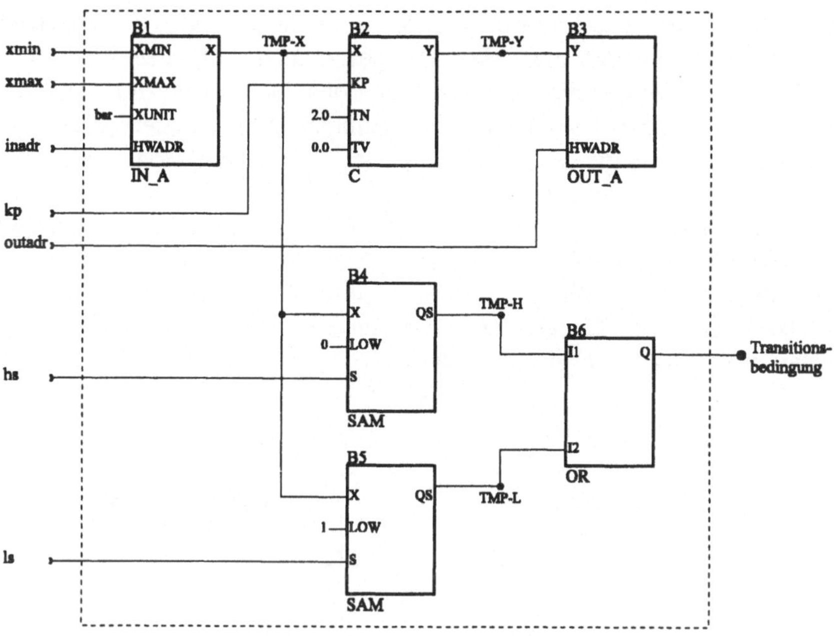

Abbildung 1. Graphisches Programm zur Druckregelung und -überwachung

ten Sprache „Funktionsplan" [4] formuliert werden. Abgesehen von Konstanten als externe Eingabeparameter sind Funktionsblockinstanzen und durch Verbindungslinien dargestellten Parameterflüsse zwischen ihnen die einzigen bei dieser Art der Programmierung verwendeten Sprachelemente. Die formale Verifikation eines Übersetzers, der eine solche graphische Programmdarstellung in Objektcode transformiert, ist beim derzeitigen Stand der Programmverifikationstechnik noch nicht möglich – andererseits jedoch auch nicht notwendig, weil auf der Ebene der Anwendungsprogramme nur die Blockverbindungen verifiziert werden müssen und weil der Zertifizierung von Software ohnehin nur geladener Objektcode zugrundeliegen darf. Wir werden zeigen, daß für diese Aufgabe sehr effizient und kostengünstig die von der Architektur unterstützte Methode der diversitären Rückdokumentation eingesetzt werden kann. Ihre Vorteile bestehen darin, keine Spezialkenntnisse zu erfordern und allgemeinverständlich zu sein. Letzteres ist auch besonders im Hinblick auf Rechtsstreitigkeiten von großer Bedeutung.

3 Hardware-Architektur

Weil es in sicherheitsgerichteten Automatisierungsanwendungen nicht das Ziel sein kann, ohnehin immer geringer werdende Gerätekosten zu sparen, sondern die Verständlichkeit der Programme und ihres Ausführungsprozesses zu fördern, werden gemäß Abb. 2 in der Architektur konzeptionell zwei Prozessoren vorgesehen, und zwar ein Kontroll- und Datenflußprozessor („Master") und ein Funktionsblockprozessor („Slave"), die als separate physikalische Einheiten realisiert werden. Derart wird eine klare, physische Trennung der Funktionsblockverarbeitung im Slave von den dem Master zugewiesenen Aufgaben Ausführungssteuerung, Ablaufplanverarbeitung und Funktionsblockaufrufe sowie eine direkte Abbildung des oben behandelten zweistufigen Programmierverfahrens auf die Hardware-Architektur erzielt. Dadurch ergibt sich die Möglichkeit, Slave-Prozessoren mit ihrer gesamten Software im Rahmen einer einzigen Typprüfung zu zertifizieren. Das Konzept stellt sicher, daß sich Anwendungsprogramme allein im Kontrollflußprozessor befinden, auf den sich deshalb die projektspezifische Verifikation der einen Datenfluß implementierenden Funktionsblockverbindungen beschränken kann. Auf Grund der Natur der Programmentwicklungsmethode bleibt der Prüfaufwand dabei immer gering.

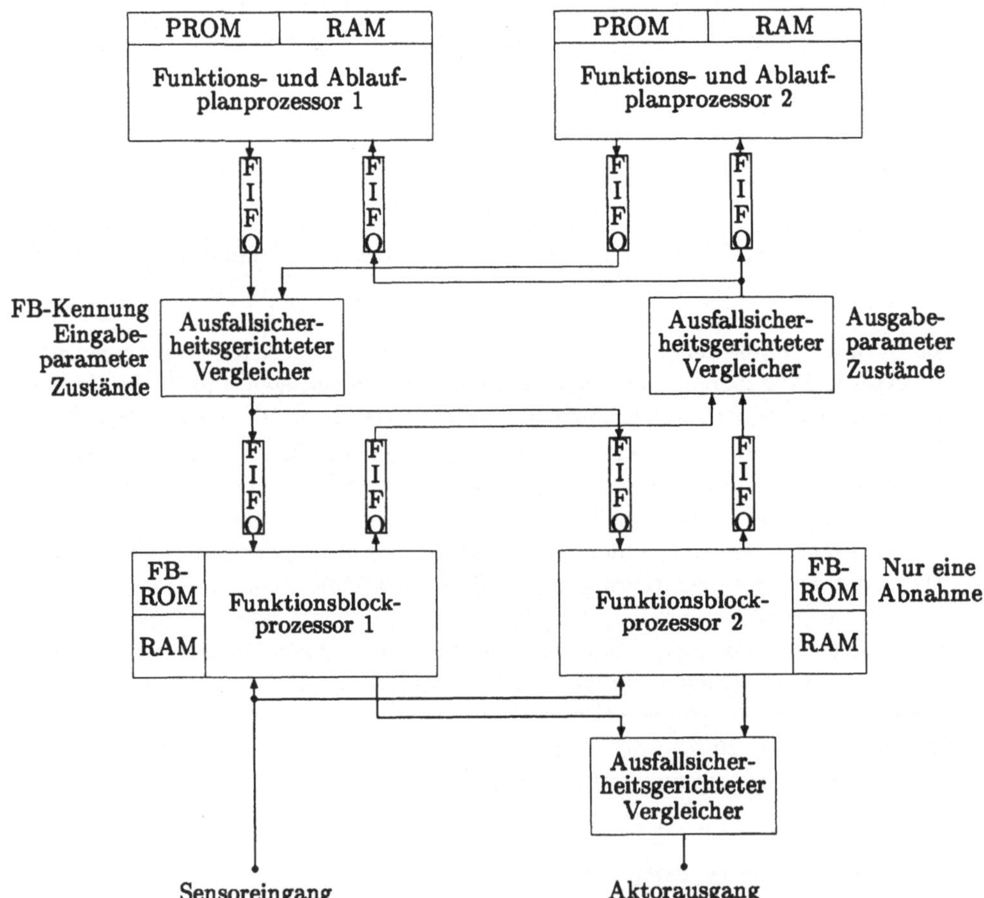

Abbildung 2. Architektur der Plattform

Um Fehlfunktionen der Hardware feststellen zu können, wurde ein durchgängig zweikanaliger Aufbau gewählt, der es auch erlaubt, Diversität in Form sowohl unterschiedlicher Master- als auch Slave-Prozessoren vorzusehen.

Alle Verarbeitungen erfolgen grundsätzlich parallel auf jeweils zwei Prozessoren und alle übertragenen Daten werden einem Vergleich unterzogen. Wenigstens einer der Kontrollflußprozessoren sollte die im folgenden beschriebene extrem einfache Organisation mit nur zwei Maschinenbefehlen haben, die die Anwendung der diversitären Rückdokumentation erheblich erleichert. So erhalten wir die in Abb. 2 dargestellte asymmetrische Vierprozessorkonfiguration mit zwei Master/Slave-Prozessorpaaren.

Die Funktionsblockprozessoren führen alle Datenmanipulationen und Ein-/Ausgabeoperationen aus. Master- und Slave-Prozessoren kommunizieren untereinander über zwei FIFO-Puffer und koordinieren sich wie folgt. Der Master beauftragt den Slave mit der Ausführung eines Funktionsblocks, indem er die Identifikation, die entsprechenden Parameter und gegebenenfalls auch die internen Zustände des Blockes über einen der FIFO-Puffer dem Slave zuschickt. Dort werden das den Funktionsblock implementierende Objektprogramm ausgeführt und die berechneten Resultate und neuen internen Zustände dem Master über den anderen FIFO-Puffer zurückgeschickt. Die Bearbeitung des Funktionsblocks endet mit dem Auslesen des Ausgabe-FIFOs und dem Ablegen der Daten im Speicher des Masters. Ausfallsicherheitsgerichtete Vergleicher überprüfen die Ausgaben des Masters, bevor die Ausgabedaten den Slave erreichen, und umgekehrt zur Fehlererkennung in dieser zweikanaligen Konfiguration.

Um jegliche Modifikationen durch Fehlfunktionen zu verhindern, sieht die Architektur grundsätzlich Nurlesespeicher für Objektcode vor, d.h. es gibt keinen RAM-Bereich für Programme. Der Code der Funktionsmodule wird als Firmware der Slaves in maskenprogrammierten ROMs bereitgestellt, die unter Aufsicht der Lizenzierungsinstanzen herzustellen und von diesen freizugeben sind. Dagegen werden die Anwenderprogramme auf der Master-Ebene vom Benutzer in (E)PROMs abgelegt. Dieser Teil der Software muß dann noch projektspezifisch verifiziert werden, was wiederum von den Lizenzierungsbehörden durchgeführt wird, welche schließlich die (E)PROMs in den Zielsystemen versiegeln. Dies zeigt sehr deutlich, daß die Master/Slave-Konfiguration gewählt wurde, um zwei Systemteile physisch voneinander zu trennen, nämlich einen, dessen Software nur genau einmal verifiziert werden muß, und einen anderen mit den anwendungsspezifischen Programmen.

Um das Ausführungszeitverhalten völlig deterministisch zu gestalten, wird ein von der Systemuhr abgeleiteter Grundtakt als Zeitreferenz verwendet. Die Länge der Taktperiode ist so gewählt, daß sie der maximalen Laufzeit der in einer Anwendung(sklasse) vorkommenden Schritte (im Sinne sequentieller Ablaufpläne) Rechnung trägt. Es wird überwacht, daß die Ausführungszeit jedes Schrittes die Taktperiode nicht überschreitet, indem am Ende der Bearbeitung des mit dem Schritt assoziierten Programmes und nach der Auswertung der entsprechenden Transitionsbedingung die Ankunft des Taktsignals abgewartet wird, das den Beginn des nächsten Zyklus markiert. Eine Überlastsituation oder ein Laufzeitfehler liegt vor, wenn das Taktsignal auf ein aktives Anwendungsprogramm trifft, woraufhin i.a. eine Notabschaltung vorgenommen wird. Obwohl der Grundtakt die periodische Ausführung der einzelnen Schritte a priori exakt festlegt, können die Verarbeitungszeitpunkte einzelner Operationen innerhalb einer Periode immer noch variieren und bleiben so unbestimmt. Da genau festgelegtes Zeitverhalten jedoch nur nach außen hin, d.h. für Ein-/Ausgabeoperationen, wichtig ist, läßt sich Vorhersehbarkeit wie folgt erreichen. Alle Ein- und Ausgabeoperationen werden von unabhängig arbeitenden, mit dem Takt synchronisierten Geräten ausgeführt. Die Eingabegeräte stellen ständig aktuelle Eingabedaten bereit, die alle jeweils zu Beginn der Verarbeitungperioden en bloc übernommen werden, unabhängig davon, ob sie in einer bestimmten Periode gebraucht werden oder nicht. Die so erfaßten Daten werden zwischengespeichert und stehen somit jederzeit zur Verarbeitung sofort bereit. Ebenso werden alle berechneten Ausgabedaten zunächst gepuffert und erst am durch den nächsten Taktimpuls markierten Periodenende gemeinsam ausgesendet.

Der Kontroll- und Datenflußprozessor führt die in seinem PROM-Speicher abgelegten Programme aus. Neben diesem Programmspeicher umfaßt sein linearer Adreßraum auch einen RAM-Bereich und die Register FIFO-Eingang (zum Slave), FIFO-Ausgang (vom Slave), Identifikation bzw. Anfangsadresse des aktuellen Schrittes sowie Transitionsbedingung. Weiterhin gibt es dem Programmierer nicht zugängliche Register mit der aktuellen Programmadresse und der Anzeige, ob der Periodentakt bereits eingetroffen ist.

Zur Wahrnehmung seiner Aufgaben benötigt der Kontroll- und Datenflußprozessor lediglich zwei Befehlstypen. Der MOVE-Befehl hat zwei Operanden, die Worte im Adreßraum des Prozessors direkt adressieren und so auf Speicherstellen und die genannten Register lesend und schreibend zugreifen. Lesen des FIFO-Ausgangsregisters impliziert, daß der Prozessor warten muß, sofern der FIFO-Puffer leer ist. Analog muß der Prozessor beim Schreiben in das FIFO-Eingangsregister warten, wenn dieses voll ist. Im Rahmen der Ausführung eines MOVE-Befehls wird der Programmzähler inkrementiert.

Entworfen zur Implementierung speicherprogrammierbarer Steuerungen bestehen die vom Master auszuführenden Programme aus Abfolgen von Schritten im Sinne der Ablaufplansprache. Nach dem Programmsegment eines jeden solchen Schrittes wird ein operandenloser STEP-Befehl eingefügt, um zu überprüfen, ob das Segment innerhalb der Taktperiode ausgeführt wurde. War dies nicht der Fall, so wird ein Fehlersignal erzeugt und der Prozessor angehalten. Normalerweise terminiert die Segmentausführung vor Ankunft des nächsten Periodentaktimpulses. Dann wartet der Prozessor bis zum Ende der andauernden Periode. Wenn das Taktsignal schließlich eintrifft, wird anhand des Inhaltes des Transitionsbedingungsregisters entschieden, ob das Schrittsegment erneut ausgeführt werden soll oder ob zum logisch nächsten Schritt übergegangen werden soll, d.h. ob der Programmzähler wieder mit dem Inhalt des Schrittanfangsadressenregisters geladen wird oder ob die Anfangsadresse eines anderen Segmentes von einer Speicherzelle mit Namen Nächste-Schrittadresse zu lesen ist. Da Programmverzweigungen nur in dieser äußerst restriktiven Form möglich sind, wird der fehlerbedingte Zugriff auf den Code inaktiver Schritte unterbunden, was einen sehr effektiven Speicherschutzmechanismus darstellt.

Durch Bereitstellung der FIFO-Puffer werden einfach zu synchronisierende und verständliche Kommunikationsverbindungen erzielt, welche Master- und Slave-Prozessoren hinsichtlich ihrer Ausführungsgeschwindigkeiten problemlos entkoppeln. Jeder solche Puffer besteht aus einem warteschlangenähnlichen Speicher und den zwei Ein-Bit-Statusregistern VOLL und LEER, die den Füllungszustand des FIFOs anzeigen und nicht benutzerzugänglich sind. Sie werden durch die FIFO-Steuerungslogik (zurück)gesetzt und bewirken im gesetzten Zustand, daß die Ausführung eines einen FIFO-Ein- oder -Ausgang ansprechenden MOVE-Befehles wie oben beschrieben verzögert wird.

Der Vergleich (auf Gleichheit) der Ausgaben beider Master-Prozessoren bzw. der von den beiden Slave-Prozessoren kommenden Eingaben wird von zwei in die FIFO-Puffer integrierten Komparatoren durchgeführt. Da diesen die volle Verantwortlichkeit zur Erkennung von Fehlern im System obliegt, müssen sie höchsten Verläßlichkeitsanforderungen genügen und deshalb in einer ausfallsicherheitsgerichteten Logik realisiert werden. Ein Komparator ist jeweils mit vier FIFOs verbunden, zwei eingangs- und zwei ausgangsseitigen. Die jeweils ersten Datenelemente der eingangsseitigen Puffer werden zwischengespeichert und dann miteinander verglichen. Bei Ungleichheit wird ein Fehlersignal erzeugt, das i.d.R. eine Notabschaltung einleitet. Andernfalls wird das Datenelement zu den beiden ausgangsseitigen FIFOs weitergereicht.

Zum Zwecke redundanter Hardware-Unterstützung und -Überwachung der Ausführung sequentieller Ablaufpläne wird die Identifikation des zu einer Zeit jeweils (einzigen) aktiven Schrittes in einem separaten und besonders geschützten Register vorgehalten. Dessen Inhalt wird auf der Bedienerkonsole angezeigt.

Mit externen technischen Prozessen werden Daten mittels fehlererkennender und an die Funktionsblockprozessoren angeschlossener Schnittstelleneinheiten ausgetauscht. Die von beiden Slaves erzeugten Ausgabedatenworte werden zuerst durch einen ausfallsicherheitsgerichteten Komparator auf Gleichheit überprüft, bevor sie in ein Ausgangshalteregister gebracht werden. Bei Ungleichheit wird wieder ein zur Notabschaltung führendes Fehlersignal generiert. Die Ausgabedaten werden erst mit Beendigung der aktuellen Verarbeitungsperiode freigegeben. Auch die vom technischen Prozeß kommenden Eingabedaten gelangen zunächst in ein Halteregister. Erst mit dem nächsten Taktimpuls werden sie beiden Slave-Prozessoren bereitgestellt.

4 Programmverifikation

Strenge Verifikation auf der oben beschriebenen Plattform ablaufender Anwenderprogramme nach der Methode der Rückübersetzung wird nun anhand eines relativ einfachen, aber realistischen Beispiels dargestellt. Es wird deutlich werden, daß es in sehr einfacher Weise unmittelbar möglich ist, aus einem gegebenen Maschinenprogramm einen Funktionsplan zurückzugewinnen, womit sich die Rückübersetzung als sehr brauchbare Software-Verifikationsmethode erweist.

In Form eines Funktionsplans zeigt Abb. 1 ein typisches industrielles Automatisierungsprogramm, welches einen Behälterdruck regelt und überwacht. Das

Programm ist durch Zusammenschaltung in der Richtlinie [7] definierter Standardfunktionsblöcke formuliert. Eine analog gemessene Variable, die zu regelnde Größe, wird vom Eingabekanal mit der Adresse INADR durch einen Funktionsblock des Typs IN_A erfaßt und zu einer physikalischen Größe mit der Einheit XUNIT im Bereich zwischen XMIN und XMAX skaliert. Die zu regelnde Variable wird an einen Funktionsblock des Typs C weitergegeben, der eine PID-Regelung unter Verwendung der Regelparamter KP, TN und TV durchführt. Die resultierende Regelvariable wird durch einen Ausgabefunktionsblock vom Typ OUT_A in einen Analogwert konvertiert und auf den durch OUTADR adressierten Kanal geschaltet. Zusätzlich wird die geregelte Variable mit Hilfe zweier Instanzen des Standardfunktionsblocktyps SAM zur Grenzwertüberwachung beobachtet, um festzustellen, ob sie zwischen den von den beiden Parametern LS und HS vorgegebenen Bereichsgrenzen liegt. Wenn die geregelte Variable diesen Bereich überschreitet, wird eine der QS-Ausgaben der beiden SAM-Instanzen und somit auch die Ausgabe des Funktionsblocks vom Typ OR logisch wahr. Dies wiederum bewirkt, daß der Alarm- und Nachrichtenspeicherfunktionsblock vom Typ AM eine Alarmmeldung mit Zeitstempel anlegt.

Tabelle 1 zeigt den dem Funktionplan entsprechenden Maschinencode für den Kontroll- und Datenflußprozessor. ROM- bzw. RAM-Adressen sind symbolisch durch Einschluß in [] bzw. () gekennzeichnet und ← (→) bezeichnet einen Datentransfer zum Eingangsregister (vom Ausgangsregister) des im Adreßraum des Masters angesiedelten FIFO-Puffers zum (vom) Slave. Unter den Funktionsblocktypen des Beispiels haben C, SAM und AM interne Zustandsvariablen, und zwar hat C drei und die beiden anderen Typen haben jeweils eine.

Tabelle 1. Maschinencode des Druckregelungsprogrammes

←[IN_A]	←(KP)	→(B2-isv3)	←(HS)	←(B5-isv)	←[AM]
←(XMIN)	←[2.0]		←(B4-isv)	→(TMP-L)	←(TMP-OR)
←(XMAX)	←[0.0]	←[OUT_A]	→(TMP-H)	→(B5-isv)	←[1]
←[BAR]	←(B2-isv1)	←(TMP-Y)	→(B4-isv)		←[A1]
←(INADR)	←(B2-isv2)	←(OUTADR)		←[OR]	←[14]
→(TMP-X)	←(B2-isv3)		←[SAM]	←(TMP-H)	←(B7-isv)
	→(TMP-Y)	←[SAM]	←(TMP-X)	←(TMP-L)	→(B7-isv)
←[C]	→(B2-isv1)	←(TMP-X)	←[1]	→(TMP-OR)	
←(TMP-X)	→(B2-isv2)	←[0]	←(LS)		STEP

Der Maschinencode zeigt, daß alle in einem Programm vorkommenden Funktionsblockinstanzen direkt auf Aufrufsequenzen abgebildet werden. Jede von ihnen beginnt mit einer MOVE-Anweisung, die die Kennung (z.B. IN_A) des jeweiligen Blockes aus einer geeigneten ROM-Speicherstelle in den FIFO-Eingangspuffer des Slaves überträgt. Dann werden die Eingabeparameter durch das Lesen geeigneter Zellen des ROM (für Konstanten) oder RAM (für Programmparameter und Zwischenwerte) bereitgestellt. Schließlich werden die Werte der internen Blockzustandsvariablen, falls vorhanden, von geeigneten RAM-Stellen eingelesen. Für jede Instanz eines Funktionsblocks mit internen Zuständen gibt es eine Menge entsprechend gekennzeichneter (z.B. B2-isv1) Speicherzellen. Wenn der Slave-Prozessor alle diese Daten erhalten hat, führt er den Block aus und liefert, sofern vorhanden, die Werte der Ausgabeparameter und/oder der internen Zustandsvariablen zurück, die dann in entsprechenden RAM-Zellen gespeichert werden. Eine Verbindung zwischen einem Ausgang eines Funktionsblockes und einem Eingang eines anderen wird mit zwei MOVE-Anweisungen implementiert: die erste speichert den Ausgabewert in einer RAM-Zelle für einen temporären Wert (z.B. TMP-X) und die zweite lädt ihn von dort. Die Implementierungsdetails der einzelnen Blöcke sind Teil der Architektur des Funktionsblockprozessors und bleiben daher unsichtbar.

Wegen der Struktur der Maschinenprogramme des Kontroll- und Datenflußprozessors stellt sich der Vorgang der Rückübersetzung – Disassemblierung und Decompilierung von Objektcode – als sehr einfach heraus. Bei der Rückübersetzung werden zunächst die STEP-Anweisungen gesucht, die die einzelnen in einem Programm enthaltenen (sequentiellen) Ablaufplanschritte klar voneinander trennen. Der Code zwischen zwei STEP-Anweisungen entspricht genau einem Funktionsplan. Die Rückübersetzung eines solchen Codesegmentes beginnt mit der Interpretation der ersten MOVE-Anweisung, die einen in den Funktionsplan einzuzeichnenden Funktionsblock identifiziert. Vergleicht man die nachfolgenden MOVE-Anweisungen mit der entsprechenden Funktionsblockbeschreibung, so kann die korrekte Parameterübergabe leicht verifiziert werden. Darüber hinaus wird für jedes solche MOVE, das einem echten Parameter entspricht (und nicht einer internen Zustandsvariablen), eine Verbindung in das Diagramm gezeichnet. Es gibt zwei Arten von Verbindungen. Die erste verbindet Programmeingänge oder Konstanten mit Funktionsblockeingängen oder Funktionsblockausgänge mit Programmausgängen. Die zweite Art sind Verbindungen von Funktionsblockausgängen zu benannten Verbindungspunkten im Funktionsplan oder von solchen Punkten zu Funktionsblockeingängen. Wenn ein Diagramm vollständig gezeichnet ist, können die Namen dieser Punkte entfernt werden. Für die internen Zustandsvariablen muß verifiziert werden, daß die entsprechenden Speicherstellen im RAM des Master-Prozessors korrekt initialisiert sind und daß die neuen, aus einer Funktionsblockausführung resultierenden Werte an genau dieselben Stellen geschrieben werden, von denen die internen Zustände im Zuge des Funktionsblockaufrufes gelesen wurden. Der Vorgang der Funktionsblockidentifizierung, der Verifizierung der Parameterübergaben sowie des Zeichnens des Blocksymbols und der entsprechenden Verbindungen wird solange wiederholt, bis die nächste STEP-Anweisung erreicht wird, die den Schritt und somit den entsprechenden Funktionsplan beendet.

5 Schlußfolgerung

Gemäß der beschriebenen Architektur wurde ein Prototyp gebaut und darauf die drei booleschen Grundoperationen und Zeitverzögerungen als Funktionsblockbibliothek bereitstellt. Während die booleschen Funktionen mit vollständigem

Test streng verifiziert werden konnten, war für das Verzögerungsglied ein formaler Korrektheitsbeweis zu führen, wozu Higher Order Logic eingesetzt wurde [1], was sich als recht aufwendig und umfangreich herausstellte. Die praktische Anwendung dieses Prototyps zeigte, daß die Funktionalität eines bewährten, festverdrahteten Notabschaltsystems bei wegen inhärenter Ausfallsicherheit gleicher Verläßlichkeit auch mit einem programmgesteuerten System realisiert werden kann und daß aus formal verifizierten Funktionsblöcken zusammengebaute Anwendungsprogramme mittels diversitärer Rückdokumentation als fehlerfrei nachgewiesen werden können.

Die vorgestellte Rechnerarchitektur wurde unter alleiniger Verwendung gegenwärtig verfügbarer Technik und Methoden so konstruiert, daß erstmals die Zertifizierung eines vollständigen programmierbaren elektronischen Systems einschließlich der Programme ermöglicht wird. Hierbei wurde besonderes Augenmerk auf den Aspekt der Software gelegt, da deren Verläßlichkeit noch lange nicht das hohe Niveau erreicht hat, das für Hardware heute selbstverständlich ist. Die Lösung weicht vom allgemein üblichen Ansatz ab, indem so viel Hardware wie möglich verwendet wird, aber nicht notwendigerweise in der (bzgl. der Hardware) kostengünstigsten Weise, und indem Einsatz und Wiederverwendung vorgefertigter und standardisierter Software-Module erzwungen werden. Die erstgenannte Abweichung folgt der technischen Entwicklung: es gibt billige Hardware im Überfluß, die zum Erreichen des Zieles der Implementierung inhärent sicherer Systeme eingesetzt werden sollte. Die andere Abweichung bricht mit der Tradition der von Neumann-Architektur, die maximale Flexibilität erlaubt und damit zuläßt, Fehler zu begehen und unsicher zu sein. Vielleicht später einmal, wenn Erfahrungen gesammelt sein werden und eine solide technische Methodik für sicherheitsgerichtete Systeme entwickelt worden sein wird, können Beschränkungen gelockert und flexiblere Ansätze entwickelt werden.

Literatur

1. Halang, W.A., Völker, N., und Krämer, B.: Formally Verified Building Blocks in Functional Logic Diagrams for Emergency Shutdown System Design. *High Integrity Systems*, 1, 3, 277 – 286, 1995.
2. Halang, W.A., und Śnieżek, M.: *Mit Funktions- und Ablaufplänen programmierbares elektronisches System für Sicherheitsaufgaben*. Offenlegungsschrift der Anmeldung DE 198 41 194 A 1 beim Deutschen Patent- und Markenamt vom 3.2.2000.
3. Halang, W.A., und Frigeri, A.H.: PEARL in der Sicherheitstechnik. In *PEARL 98 – Workshop über Realzeitsysteme*, P. Holleczek (Hrsg.), pp. 105 – 114. Berlin-Heidelberg: Springer-Verlag 1999.
4. Internationale Norm IEC 61131-3: *Programmable Controllers, Part 3: Programming Languages*. Genf: Internationale Elektrotechnische Kommission, 1992.
5. Krebs, H., und Haspel, U.: Ein Verfahren zur Software-Verifikation. *Regelungstechnische Praxis rtp* 26, 73 – 78, 1984.
6. TÜV Rheinland, Institut für Software, Elektronik, Bahntechnik: *Liste baumustergeprüfter speicherprogrammierbarer Steuerungen*. Version 3.1, Köln, 1997.
7. Richtlinie VDI/VDE 3696: *Herstellerneutrale Konfigurierung von Prozeßleitsystemen*. Berlin: Beuth Verlag, 1995.